Hannelore Ellersiek

VON DER ALTEN APOTHEKE BIS ZUM ZAUBERLADEN

TRADITIONELLE UND BESONDERE LÄDEN IN BERLIN

W0075348

SUTTON
VERLAG

Wolfgang Bergemann

Bildnachweis

Schilkin GmbH & Co KG: S. 11o., Kräuter Kühne GmbH: S. 13o., Fleischhandel Wache: S. 17o., Wald Königsberger Marzipan: S. 19o., Eis Hennig: S. 23o., Blutwurstmanufaktur: S. 25o., S. 25u., Pantoffeleck Jünemann: S. 29o., Schirm Schirmer: S. 37o., Schuhmacherei Bergmannstraße: S. 39 re.u., Karin Marquardt: S. 43u., Otto Ebeling: S. 51o., Berliner Zinnfiguren: S. 53o., Blindenwerkstatt: S. 75u., Fahrrad Linke: S. 79u., Elektro Gas Wasser Dickert: S. 85o., Batchvarov & Thiel: S. 87o., Musikalienhandlung Riedel: S. 99o., Geigenbauwerkstatt Pilar: S. 101o., 101u., Devotionalien Baumann: S. 109 li.o., Moabiter Apotheke: S. 115o., Steinmetzbetrieb Albrecht: S. 119o.

Impressum

Sutton Verlag GmbH

Hochheimer Straße 59

99094 Erfurt

www.suttonverlag.de

Copyright © Sutton Verlag, 2008

Gestaltung und Herstellung: Markus Drapatz

Druck: Druckhaus „Thomas Müntzer" | Bad Langensalza

ISBN 978-3-86680-378-7

SUTTON
VERLAG

Die alte Apotheke.

Die Ansicht des Zauberladens.

Inhaltsverzeichnis

Für das leibliche Wohl

KÖNIGSBERGER MARZIPAN, SCHNAPS UND BLUTWURST

Café Buchwald

Das Café Buchwald liegt nahe der Spree, ein Stückchen hinter dem Hansaviertel. Im Sommer ist der zauberhafte, wenn auch winzige Vorgarten ein schöner Platz. Im Winter sitzt man in dem großen, etwas plüschig wirkenden, aber sehr gemütlichen Caféraum.

Der von Gustav Buchwald, dem Ururgroßonkel der heutigen Inhaberin, 1852 in Cottbus gegründete Betrieb, wurde Ende des 19. Jahrhunderts nach Berlin verlegt, weil es hier bereits Gas gab, dessen Feuer für ein besonders gutes Gelingen des Baumkuchens bevorzugt wird.

Um die Jahrhundertwende verlieh man der Konditorei, insbesondere auch wegen ihrer hervorragenden Baumkuchen, vom Preußischen Prinzenhof den Titel eines Hoflieferanten. Noch heute werden die unterschiedlich großen hellen und dunklen Baumkuchen, die in den Fenstern und hinter der Kuchentheke aufgebaut sind, in eigener Produktion hergestellt.

Eine besondere Bedeutung in der Firmengeschichte kommt wohl auch Willi Pauli, genannt Onkel Pauli, zu, der als 13-jähriger Lehrling in den Betrieb eintrat und 60 Jahre in diesem arbeitete. Nach den Beschreibungen der heutigen Inhaberin Frau Kantelberg muss er eine besondere Stütze für ihre Mutter Käthe Dielitz gewesen sein, die den Betrieb 1935 übernahm und nach einer Schließung während der Kriegsjahre zusammen mit Onkel Pauli wieder aufbaute. Käthe Dielitz war bis zu ihrem 85. Lebensjahr im Laden tätig.

Und so entsteht der Baumkuchen: Die feine, nach einem Geheimrezept hergestellte Masse wird in vielen dünnen Schichten auf eine sich drehende Walze aufgetragen und jeweils über offener Flamme abgebacken. So kommt es zur charakteristischen Schichtstruktur, die den Jahresringen eines Baumes ähnelt.

Vor der Wende lag das Café Buchwald am Rande der Stadt (Westberlin), seit der Wende ist es wieder in deren Mitte gerückt.

* Seit 1852
* Gediegene Caféhauskultur,
  Baumkuchen aus eigener Herstellung
* Mo–Sa von 9 bis 18 Uhr
  So von 10 bis 18 Uhr

Café Buchwald
Bartningallee 29
10557 Berlin-Tiergarten
Tel: 030-3915931
www.konditorei-buchwald.de

Blick ins Café Buchwald.

Das Schaufenster vom Café Buchwald mit Baumkuchen und Firmenlogo.

Schilkin Gmbh & Co KG

Das Unternehmen Schilkin hat eine lange und wechselhafte Geschichte: Seit 1900 stellten Natalie und Apollon Schilkin in St. Petersburg Wodka her, der wegen seiner Qualität Aufsehen erregte und damals sogar die Anerkennung der Zarenfamilie fand. Im Jahr 1921 mussten sie wegen der Revolution Russland verlassen und gingen nach Berlin.

Die Wiederaufnahme der Spirituosenproduktion in Berlin-Kaulsdorf – heute immer noch der Firmensitz – erfolgte 1932. Im Jahr 1945 wurde der Betrieb fast vollständig zerstört, aber bis 1948 wieder aufgebaut. Und dann kam die DDR-Zeit mit einer Teilenteignung 1958 und der vollständigen Enteignung im Jahre 1972. Nach der Reprivatisierung 1990 leiten heute die Herren Peter und Patrick Mier das Unternehmen in der dritten und vierten Generation.

Schilkin ist keine klassische Brennerei, sondern ein Spirituosenhersteller, d.h., man mischt aus Alkohol und diversen Zutaten eine Vielfalt von Schnäpsen und Likören.

Seit meiner Studienzeit im ehemaligen Westberlin Anfang der 1970er habe ich nie wieder den immer wieder gern getrunkenen Persiko gesehen, bei Schilkin wird er heute noch produziert. Auch war mir nicht klar, dass „Timm's Saurer" in der DDR ein ähnliches „Kultgetränk" wie Berentzen-Apfelkorn im Westen Deutschlands war.

Tipp: Wenn Sie das Unternehmen besuchen, melden Sie sich vorher an, dann können Sie vielleicht eine Führung durch die Produktionsanlagen und eine Besichtigung des alten Gewölbekellers mitmachen.

- Seit ca. 1900
- Schilkin Wodka,
  diverse Berliner Klassiker wie Kümmel,
  Pflaume, Persiko,
  der ehemalige DDR-Klassiker Timm's Saurer,
  Werksverkauf
- Mo–Do von 8 bis 15 Uhr
  Fr von 8 bis 13 Uhr

Schilkin Gmbh & Co KG
Spirituosenherstellung
Alt-Kaulsdorf 1–11
12621 Berlin-Kaulsdorf
Tel: 030-56578165
www.schilkin.de

Altes Foto der Fabrik der Firma Schilkin von 1932.

Das heutige Schilkin-Sortiment.

Kräuter Kühne

Alle Filialen haben das gleiche Erscheinungsbild: von außen die typische grün-gelbe Front mit dem Schriftzug „… das Gute liegt so nah!" und innen die lind-grüne Regaleinrichtung mit den ebenfalls lindgrünen, altertümlich anmutenden Pappschachteln mit Schildern in Metallrahmen, in denen die verschiedenen Kräuter, Heilkräuter und -pflanzen aufbewahrt werden.

Beeindruckend ist die Attacke auf den Geruchssinn beim Betreten des Ladens – man fängt unwillkürlich an zu schnuppern in dem Bemühen, die einzelnen Gerüche zu separieren und zu identifizieren, was einem bei der Vielzahl meistens nicht gelingt. Es sei denn, ein Karton mit einem bestimmten Kraut, das alle Gerüche überdeckt, wie z.B. Thymian, ist gerade geöffnet worden. Schade, dass man diesem Buch keine Geruchsprobe beifügen kann.

Vom Ackerschachtelhalm bis zum Zinnkraut (Kenner werden wissen, dass das nur zwei verschiedene Bezeichnungen für die gleiche Pflanze sind) kann man ca. 230 verschiedene Kräuter und Heilpflanzen lose nach Gewicht erwerben, darunter so exotische Dinge wie Storchschnabel, Maisbart und Katzenkralle.

Selbstverständlich erhält man auch eine Beratung bei verschiedenen Indikationen und bekannte Produkte wie Baldriantropfen, Ginseng etc., aber man bekommt auch den deutlichen Hinweis, dass Heilkräuter nicht den Arztbesuch ersetzen. Tipps zur sachgerechten Lagerung der erworbenen Kräuter runden das aromatische Einkaufserlebnis ab.

Sie sollten selber einmal schnuppern gehen oder auf der Internetseite surfen, auf der es viel Wissenswertes über Heilkräuter und -pflanzen zu entdecken gibt.

- Seit 1957
- über 230 Heilpflanzen und Heilkräuter, Gewürze, Tees, Arzneitees, Bonbons und Zubehör, Naturkosmetik
- Mo–Fr von 8.45 bis 13 Uhr und von 14 bis 18 Uhr Sa von 8.45 bis 14 Uhr

Kräuter Kühne
14 Filialen in Berlin in
verschiedenen Bezirken
Zentrale: Selerweg 43/45
12169 Berlin-Steglitz
Tel: 030-253260-10
www.kraeuter-kuehne.de

Ladenfront einer der ersten Filialen.

Außenansicht einer heutigen Filiale.

Confiserie Melanie

Eberhard Päller, von seinen Stammkunden auch Herr Melanie genannt, betreibt seit 1972 seine ca. 20 Quadratmeter große Confiserie in der Goethestraße. In Berlin ist sie fast schon ein Pilgerort für Eingeweihte. Ein Besuch bei Herrn Melanie ist insbesondere angesagt bei Liebeskummer und tristem Novemberwetter.

Nach der Ankündigung auf der Tür „Nebenstelle Paradies" erwartet den Besucher ein kleiner älterer Herr mit lebendigem Gesicht und verschmitztem Lächeln, der meistens einen farbenfrohen Kaschmirpullover trägt und jeden Kunden mit ausgesuchter Höflichkeit bedient.

Neben den Produkten aus aller Welt, die er auf seinen Reisen einkauft, sind seine 95 selbst gemachten Trüffelsorten – davon 15 weltweit einzigartig – etwas ganz Besonderes.

Ich liebe seine Gewürztrüffel, z.B. mit Knoblauch oder Oregano, wobei auch der Balsamico nicht zu verachten ist. Allein das Gefühl, vor den 95 ungewöhnlichen Trüffelsorten in der kleinen Vitrine zu stehen, sich Geschmacksbilder im Kopf – nein, auf der Zunge – auszumalen und dann „schweren Herzens" auszuwählen holt einen aus jeder Lebenskrise.

Bestimmte Kunden haben manchmal das Glück, ein neues Produkt kosten zu dürfen. Aber um diesen Status zu erreichen, muss man entweder Stammkunde oder Herrn Melanie besonders sympathisch sein. Virtuos ist sein Umgang mit den Kunden, wenn der Laden voll ist. Er hat alle im Blick und kümmert sich um jeden, wirft einzelnen eine Bemerkung zu, erzählt nebenbei – während der gerade zu bedienende Kunde eine Entscheidungspause braucht – eine Geschichte zu seinen Produkten oder über seinen Laden. Es macht einem einfach nichts aus, zu warten – auch weil man bei den über 400 verschiedenen Produkten in dem kleinen Laden so viel zu schauen hat. Man entdeckt Lakritze aus Sizilien und erinnert sich an die letzte Reise, dann fällt der Blick auf Gläser mit bunten Bonbons, die Kindheitserinnerungen auslösen und irgendwann bleibt das Auge an Schafsmilchpulver hängen und inspiriert zu einer neuen Kochidee.

Nach dem Verlassen des Ladens stellt sich, nachdem man die „Schutzgebühr" bezahlt hat, das Gefühl ein, Sonne im Herzen zu haben. Doch dann kommt der schwierigste Teil: die erstandenen Leckereien heil nach Hause zu bringen, ohne unterwegs schon zu probieren.

- Seit 1972
- 95 Trüffelsorten aus Eigenherstellung, besondere Süßigkeiten und Leckereien aus aller Welt
- Mo–Mi, Fr von 10 bis 19 Uhr
  Sa von 10 bis 14 Uhr

Confiserie Melanie
Goethestr. 4
10623 Berlin-Charlottenburg
Tel: 030-3138330

Die Trüffeltheke bei Herrn Melanie.

Italieniche Pastillen und Lakritze in der Confiserie Melanie.

Wache-Fleischverkauf

Wenn man die Adresse nicht kennt, findet man sie nicht, weil sie weder im Telefonbuch noch im Internet zu finden ist. In beiden Medien findet man nur den gleichnamigen, zum Unternehmen gehörenden Fleischgroßhandel und Gastronomiebedarf auf dem Berliner Großmarkt in der Beusselstraße.

Der Großvater des jetzigen Inhabers war von 1932 bis 1972 als Vieh- und Fleischhändler tätig. Von 1972 bis 1996 besaß die Familie bis zu 34 Fleischereien in Berlin, die sie 1997 verkaufte. Seit 2004 gibt es die Fleischerei wieder – den Direktverkauf vom Großmarkt an den Endverbraucher in der Turmstraße. Angeboten werden außer Fleisch auch Fisch, Geflügel und Wild. Die Preise sind niedrig. Im Juli 2008 gab es bspw.: Eisbein 1,99/kg und Schweinegulasch 3,99/kg.

„Miss Piggy", das Firmenlogo, zeigt einem an der Ladenfront schon von weitem ihre dralle und knapp bekleidete Kehrseite und himmelt den potentiellen Käufer mit einem Auge an.

Im kleinen Imbissbereich hängen nicht nur Jagdtrophäen (Wildschweinkopf und Rehgeweihe), sondern auch einige Fotos sowie handschriftliche Notizen zur Geschichte des Unternehmens.

Auch wenn www.fleisch-wache.de „nur" die Firmenseite des Großhandels ist, klicken Sie doch einmal drauf. Sie werden überrascht sein, es ist nicht „Miss Piggy", die Sie hier begrüßt, sondern ein Geräusch, das auch mit einem Fleischlieferanten zu tun hat.

- Seit 1932/1972/2004
- Fleisch, Wild, Geflügel und Fisch
- Mo–Fr von 8 bis 19 Uhr, Sa von 8 bis 15 Uhr

Wache
Fleischverkauf direkt vom Großmarkt
Turmstraße 26
10559 Berlin-Tiergarten

Der Großvater des heutigen Inhabers war von 1932 bis 1972 Vieh- und Fleisch-händler.

Die Ladenfront mit dem Firmenlogo im Jahre 2008.

Wald Königsberger Marzipan

Konditormeister Paul Wald (1905–1985) und seine Frau Irmgard, geb. Radant, die 1939 von Königsberg nach Berlin gekommen waren, gründeten 1947 die Firma Wald Königsberger Marzipan.

Irmgard Wald legte im Alter von 68 Jahren noch die Konditorprüfung ab, um den Laden nach dem Tod ihres Mannes 1985 weiterführen zu können. 2005 übernahm ihre Enkelin Gina Massey, die auch gelernte Konditorin ist, die Geschäftsführung. In vierter Generation werden den Laden die Nichte und der Neffe von Gina Massey übernehmen, das steht wohl schon heute fest.

Das besondere am Königsberger Marzipan ist, dass es im Unterschied z.B. zum Lübecker abgeflämmt, d.h. gebacken wird. Die Rezeptur ist geheim und befindet sich seit über 100 Jahren im Familienbesitz. In die kleine Manufaktur hinter dem Laden darf man deshalb auch höchstens einen ganz kurzen Blick werfen.

Der Laden ist so süß wie die Pralinen selbst, mit seinen rosa-beige gestreiften Wänden, den kleinen Kristalllüstern und der fast puppenstubenhaft wirkenden alten Ladeneinrichtung. Überall an den Wänden und an der Tresenfront hängen Bilder der beiden Gründer, Urkunden über diverse Auszeichnungen, Zeitungsausschnitte.

Bei Wald wird noch jede Praline von Hand geformt und ohne Konservierungsstoffe und mit nur wenig Zucker gearbeitet. Und man stellt, mit Ausnahme der ein wenig sizilianisch verspielt wirkenden Herzen, nur traditionelle klare Formen wie Kugel, Würfel und Brote her. Formspielereien wie nachgebildetes Gemüse oder Obst, die man in anderen Marzipanläden findet, gibt es hier nicht.

Und selbst, wenn man kein Marzipan mag, ist der süßliche, leicht schwere Geruch, von dem man beim Betreten des Ladens sofort umgeben ist, ein Genuss für die Sinne.

- Seit 1947
- Torten, Fours, Brote, Teekonfekt, Pralinen, Herzen
- Mo–Fr von 10 bis 18 Uhr
  Sa von 10 bis 15 Uhr

Wald Königsberger Marzipan
Pestalozzistr. 54a
10627 Berlin-Charlottenburg
Tel. 030-3238254
www.wald-koenigsberger-marzipan.de

Die Mitgründerin des Geschäfts Irmgard Wald als junge Frau.

Ein Blick in den Laden.

Rogacki-Feinkost

Im Jahr 1928 eröffneten Paul und Lucia Rogacki einen Räucherwarenhandel in Berlin-Wedding. 1932 wurde das Geschäft am jetzigen Standort in der Wilmersdorfer Straße eröffnet, damals die erste Charlottenburger Aal- und Fischräucherei. Das Räuchern von Fisch ist bis heute die besondere Spezialität; hinten im Laden befindet sich nach wie vor der Räucherofen.

Nach der Zerstörung 1945 wurde das Ladengeschäft wieder aufgebaut und 1955 dann nicht nur räumlich, sondern auch vom Sortiment her erweitert: Wild, Geflügel, Fleisch und Wurst kamen hinzu. 1972 erweiterte man um Käse, Brot und den Feinschmeckertreffpunkt, die Gourmetabteilung, in der man an unterschiedlichen Ständen von Berliner Hausmannskost bis zu Austern mit Champagner die Spezialitäten vor Ort probieren kann.

Heute führt der Enkel der Gründer den Laden, der inzwischen auch noch einen Liefer- und Partyservice anbietet.

Rogacki ist in der neuen Berliner Landschaft der raffiniert minimalistisch spezialisierten Feinkostläden ein solides, traditionelles Feinkostgeschäft mit breitem Sortiment.

Tipp für Figurbewusste: Nie mit einem leichten Hungergefühl bei Rogacki einkaufen gehen, sonst kommt man mit viel zu vielen Einkaufstüten wieder raus und hat bestimmt noch nebenbei an den Gourmetständen das eine oder andere probiert.

- Seit 1928
- Delikatessen zum Mitnehmen
  oder zum Direktverzehr
- Mo–Mi von 9 bis 18 Uhr
  Do von 9 bis 19 Uhr
  Fr von 8 bis 19 Uhr
  Sa von 8 bis 16 Uhr

Rogacki
Delikatessen-Imbiss-Stadtküche
Wilmersdorfer Str. 145/146
10585 Berlin-Charlottenburg
Tel: 030-3438250
www.rogacki.de

Die Ladenfront.

Werbung an der Fassade.

Eis Hennig

Im Jahr 1930 eröffnete der Ostpreuße Franz Hennig den ersten Eisladen in der Friedenauer Beckerstraße. Außerdem besaß die Familie fünf Eisgeschäfte in Ostpreußen, u. a. in Allenstein und Marienburg.

Als Franz Hennig 1949 aus der Kriegsgefangenschaft zurückkehrte, baute er nunmehr in Berlin eine Filialkette auf – beginnend mit dem Geschäft in der Mariendorfer Straße 49 (heute Steglitzer Damm 17) bis zu den heute existierenden, von seinen Kindern betriebenen zehn Filialen. Noch heute werden einige der Eissorten nach den damaligen Rezepten hergestellt, die Franz Hennig und sein Bruder Alois, ein Konditor, entwickelt haben.

Bei Eis Hennig wird das Eis nicht mit dem Eiskugelformer, sondern mit einer Art Spachtel in den Becher getan und es gibt keine Kugelpreise, sondern Becherpreise für die einzelnen Bechergrößen, die immer „bis zum Rand vollgespachtelt" werden.

Von Sohn Norbert Hennig durfte ich erfahren, dass bis 1986 – angeblich nach einer alten jüdischen Tradition – im Sommer Eis verkauft wurde, im Winter Wild und Geflügel.

„Viel gutes Eis für wenig Geld" verstand der Vater, wenn es einmal sehr voll im Laden war und er selber gerade hinter den Kübeln mit Vanille und Schoko stand, auch schon einmal so, dass er einem Kunden, der „Erdbeer-Rumtraube" bestellt hatte, einen großen Becher mit „Schoko-Vanille" füllte und mit dem Kommentar „Schmeckt auch!" in die Hand drückte.

- Seit 1930
- Hausgemachtes Eis, Kaffee und Kuchen
- variabel geöffnet, je nach Jahreszeit

Eis Hennig
Zehn Filialen in verschiedenen Berliner Bezirken
Zentrale: Bundesalle 187
10717 Berlin-Wilmersdorf
Tel: 030-70089800
www.eis-hennig.de

Das Firmenlogo von Eis-Hennig.

Zubereitung einer Eistorte für eine Hochzeit.

Blutwurstmanufaktur

Die Blutwurstmanufaktur ist eine kleine Fleischerei in Berlin-Neukölln und liegt am Rande des malerischen Böhmischen Viertels. Wichtigstes Produkt ist die Berliner Blutwurst, die, wie alle anderen Spezialitäten, in traditioneller Handarbeit hergestellt wird. Bereits im Jahre 1898 nahm der Fleischermeister Starcke in den Räumen am Karl-Marx-Platz seine Tätigkeit auf. Von 1904 bis Anfang der 1990er-Jahre führte die Fleischerfamilie Gleich dort die „Fabrik feiner Fleisch- und Wurstwaren". Es folgten die Fleischermeister Wolfgang Trieselmann und Marcus Benser. Heute heißt die von Marcus Benser und Mathias Helfert geführte Fleischerei nach dem wichtigsten Produkt – der Blutwurst – „Blutwurstmanufaktur".

Marcus Benser nahm schon als Lehrling am bedeutendsten Blutwurstwettbewerb der renommierten Confrérie des Chevaliers du Goûte-Boudin teil und gewann die ersten Medaillen. Nachdem er seine Meisterprüfung absolviert hatte, räumte er mehrfach die Trophäen für die beste Blutwurst in Europa ab. Wegen seiner Verdienste um die Blutwurst schlug die Confrérie des Chevaliers du Goûte-Boudin ihn im Jahr 2004 zum „Ritter der Blutwurst", eine Ehre, die in der Vergangenheit auch Paul Bocuse zuteil geworden war.

Pro Tag wird ein Cutter Blutwurst hergestellt, das sind ca. 150 Kilogramm bzw. ungefähr 700 Stück. Und jede Woche verarbeitet Benser je eine Schweine- und Bullenhälfte zu den weiteren hausgemachten Fleisch- und Wurstspezialitäten, die der Laden anbietet. In der Blutwurstmanufaktur werden noch – im Gegensatz zu vielen anderen Fleischereien – die Tiere komplett verwertet.

Ein Teil der Würste und des Fleisches wird in der über 100 Jahre alten Räucherkammer geräuchert. Geschäftsführer Mathias Helfert, mit dem ich mich unterhielt, zeigte mir einen alten Beschwerdebrief von 1912, den ein Nachbar an das Königliche 4. Polizeirevier Neukölln wegen der angeblichen Belästigungen durch die Räucherei gesandt hatte.

Bensers Blutwurst wird auch in diversen Restaurants in Berlin serviert, so z.B. in dem mit einem Michelin-Stern ausgezeichneten VAU am Gendarmenmarkt und bei Luther & Wegner, und steht auch im Kanzleramt und im Schloss Bellevue manchmal auf der Speisekarte.

- Seit 1898, in verschiedenen Firmierungen
- Blutwurst vom Blutwurstritter, ca. 60 hausgemachte Fleisch- und Wurstspezialitäten
- Mo–Fr 8 bis 18 Uhr Sa 8 bis 13 Uhr

Blutwurstmanufaktur
Karl-Marx-Platz 9–11
12043 Berlin-Neukölln
Tel. 030-6872004
www.blutwurstmanufaktur.de

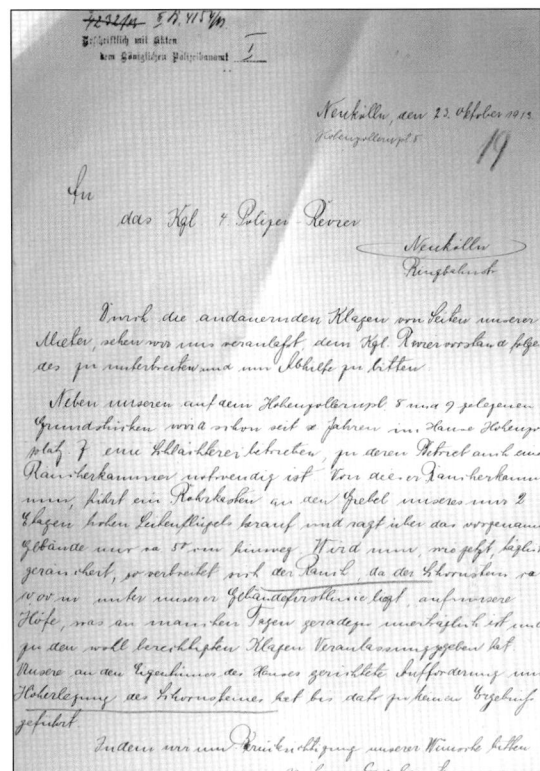

Der Beschwerdebrief von 1912.

Die Ladenfront der Manufaktur, um 1910.

Weitere Adressen für das leibliche Wohl

Schlemmer Hüsli	Feinkost	Kaiser-Wilhelm-Str. 54, 12247 Berlin
Monheim	Eiscafé	Blissestraße 12, 10713 Berlin
Proske	Fleischerei	Karl-Kunger-Straße 27, 12435 Berlin
Elstner	Lebensmittel/Imbiss	Edisonstr. 39, 12459 Berlin
Schäfer	Lebensmittel	Tucholskystraße 31–33, 10117 Berlin
Siebert	Bäckerei	Schönfließer Str. 12, 10439 Berlin
Café Steinicke	Konditorei	Güntzelstr. 23, 10717 Berlin
Walter	Schokoladen	Olivaer Platz 17, 10707 Berlin
Erich Hamann KG	Bittere Schokoladen	Brandenburgische Str. 17, 10707 Berlin
Senfsalon Senf	Senf, Marmeladen	Hagelberger Str. 46, 10965 Berlin
Ursula Kierzek	Weine, Whisky, Sekt	Weitlingstr. 17, 10317 Berlin
Bonbonmacher	Bonbons	Oranienburger Str. 32, 10117 Berlin
Leydicke	Wein	Mansteinstr. 4, 10783 Berlin
Weinhandlung Hardy	Weinhandlung	Thielallee 29, 14195 Berlin

Für das gute Aussehen

FILZPANTOFFELN, LAUFMASCHEN

UND FRANZÖSISCHE HÖSCHEN

Jünemanns Pantoffeleck

René Jünemann betreibt die Manufaktur in vierter Generation. Angefangen hatte Jünemanns Großvater 1908 zusammen mit seinen zwölf Kindern in einer Wohnung. Sein Vater – eines der zwölf Kinder – ist heute noch tragendes Element der Produktion und steht im hinteren Produktionsraum an der Stanze von 1938, an der mit Hilfe von Stahlschablonen die Sohlen für die Pantoffeln aus den Filzplatten gestanzt werden. Er will bis zu seinem 100. Geburtstag arbeiten und danach bis zum 150. die Rente genießen.

Im Produktionsraum gibt es Regale mit Stahlschablonen und Holzleisten für die Herstellung von Filzpantoffeln in den Größen 23 bis 52. In der Ecke steht ein Gerät, das man erst nach Erläuterung durch den Senior als eine Art Nähmaschine für die Vernähung der Sohle mit dem Oberteil der Pantoffeln erkennt.

Und überall in den Regalen im Souterrainladen, im Büro und im Zwischenraum begrüßt den Kunden die Farbenpracht der aufgestapelten Filzpantoffeln – vom kamelhaarfarbenen Klassiker mit braunem Karo, über einfarbig klassisch bis hin zu modernen Schottenmustern (von hinten offen als Schlappen bis zum geschlossenen Pantoffel) in den Größen 23 bis 52.

Die kleine Manufaktur produziert ca. 10.000–12.000 Paar Filzpantoffeln pro Jahr und vertreibt diese im Wesentlichen direkt und nur zum kleineren Teil als „Großhändler" für andere kleine Spezialläden in Deutschland.

Mir hat es besonderen Spaß gemacht, mich mit dem Senior zu unterhalten, während er die Filzsohlen ausstanzte. Die Wellenlänge stimmte auch hinsichtlich bestimmter Lebensansichten: Ziele zu haben im Leben, die man vielleicht auch erreicht, ist essentiell, und zwar bis ins hohe Alter. Ein Dahinvegetieren ohne Sinn und Freude, wie es die heutige Medizin ermöglicht, kommt für ihn wie mich nicht infrage.

Der junge Inhaber in vierter Generation und der Senior strahlen beide zwischen ihren bunten Filzpantoffeln so viel Lebensfreude und Zufriedenheit mit ihrer Tätigkeit aus, dass es sich schon einfach deshalb lohnt, sie zu besuchen.

- Seit 1908
- Hausschuhe und Pantoffeln aus Eigenherstellung
- Mo, Mi, Fr von 9 bis 17 Uhr Di, Do von 9 bis 18 Uhr

Hausschuh & Pantoffel-Manufaktur
Jünemanns Pantoffeleck
Torstraße 39
10119 Berlin-Mitte
Tel: 030-4425337
www.pantoffeleck.de

Die zwölf Geschwister, die 1908 in einer Wohnung mit der Produktion begannen. Rechts oben ist der Vater des heutigen Inhabers zu sehen.

Der heutige Inhaber René Jünemann und sein Vater Günther.

Plisseebrennerei Post

Beim Öffnen der Ladentür ist man irritiert – sie geht nach außen statt nach innen auf. Wolfram Post erklärt auch gleich, warum: Vor Gründung des Unternehmens war in diesen Räumen eine Kneipe, und bei alten Berliner Kneipen gingen die Türen immer nach außen auf – warum wohl?

Ca. 1916 wurde das Unternehmen von den Eltern seiner Vorgängerin gegründet, Post selber übernahm es 1971.

Dann zeigte er mir wie Plisseebrennerei funktioniert, und zwar am Beispiel eines Ärmels in Sonnenplissee mit Stehfalte – noch heute eine aufwendige Handarbeit. Die Unterpappe, die wie ein Fächer aussieht, wird mit Klammern auf den Tisch gespannt, das zugeschnittene Stoffteil darauf sorgfältig ausgerichtet, die Oberpappe darüber mit Gewichten fixiert und dann wird das ganze Paket vorsichtig zusammengefaltet zu einer Art zusammengeklapptem Fächer, der dann fest in Papier eingewickelt wird und bei 100 Grad für 30 Minuten in eine Art Wasserdampfofen kommt.

Im Nebenraum ist das Lager für die ca. 200 Pappschablonen für die unterschiedlichen Stoffteile vom langen Rock mit Liegefalte bis zum Stehkragen im Sonnenplissee. Plissieren lassen sich mit dem Verfahren alle Stoffe dauerhaft, außer Kunstseide und Baumwolle, d.h. die auf Zellulose basierenden Stoffarten.

Wer ist der Kundenkreis? Früher viele Designer mit großen Namen wie z. B. Uli Richter – das ist heute modeabhängig weniger geworden, aber es gibt noch immer einige kleine Labels, die bei Post plissieren oder sich die stoffüberzogenen Knöpfe und Gürtelschnallen herstellen lassen.

Ein Großauftrag in Vorwendezeiten war die Herstellung von Plisseegardinen für D-Züge, die nach China, Holland und Ungarn geliefert wurden. Herr Post erzählt, dass er noch vor einiger Zeit in Prag einen Zug mit seinen Plisseegardinen gesehen hat.

Auch heute noch gibt es sehr prominente Kunden wie z. B. den bekannten Interpreten der ehemaligen 1920er-Jahre-Musik mit seinem Orchester, dessen Namen ich aber auf keinen Fall nennen soll.

Und zum Schluss stellten wir fest, dass ich mir vor kurzem in einer Boutique eine schreiend rote, frackartige Jacke von Mashiah gekauft habe, deren Stoffteile bei Wolfram Post plissiert worden sind.

- Seit ca. 1916
- Plisseebrennerei, Knopf- und Gürtelmontagen, Näherei
- Mo–Fr von 8.30 bis 18 Uhr
  Sa von 9 bis 13 Uhr

Wolfram Post
Hosteinische Str. 41
10717 Berlin-Wilmersdorf
Tel. 030-8738257

Altes Logo der
nicht mehr existierenden Innung.

Ein Teil der Ladenfront.

Korsett Engelke

Beim Betrachten des Schaufensters ist man zunächst irritiert, neben strammen Korsettmodellen für die stärkere Dame auch erotische Stay-Ups präsentiert zu bekommen, eine ungewöhnliche Kombination im Vergleich zu anderen Läden dieser Branche.

Ursula Rieck führt in zweiter Generation zusammen mit ihrer Tochter Beate Fröhlich in dritter Generation das Fachgeschäft für Korsagen in der Kantstraße. Schon in den 1930er-Jahren verkaufte die Familie auf Berliner Märkten Büstenhalter und Korsetts. Im Jahr 1947 eröffnete Frau Riecks Vater Karl Engelke in Neukölln das erste Ladengeschäft. Das Unternehmen wuchs auf vier Ladengeschäfte in Berlin an und wurde dann 1974 von Ursula Rieck übernommen, die heute zusammen mit Ihrer Tochter „nur" noch den Laden in der Kantstraße betreibt.

Man bekommt in dem Geschäft vom wirklich stützenden Korsett in Kleidergröße 52, über den Stringbody in 90 D (bei der Frage nach einem solchen wird man in anderen Dessousläden in Berlin mitleidig angelächelt) bis hin zum französischen Höschen alles.

Und wenn mal die Körbchengröße eines ansonsten favorisierten Modells nicht passt oder es im Hüftbereich zu weit ist, dann setzt sich eine der Inhaberinnen oder Verkäuferinnen auch schon einmal an die Nähmaschine im Hinterzimmer und passt das Modell an.

Man hat den Eindruck, dass den Mitarbeiterinnen bei Korsett Engelke im Bereich Dessous nichts fremd ist, dass man mit ihnen über jeden Wunsch reden kann und ihn – wenn irgend möglich – auch erfüllt bekommt, aber immer mit der nötigen Diskretion.

- Seit mehr als 60 Jahren
- Korsagen aller Art
  Strumpfwaren
  Bademoden
- Mo–Fr von 10 bis 13 und von 15 bis 18.30 Uhr

Korsett Engelke
Kantstraße 109
10627 Berlin-Charlottenburg
Tel. 030-3244126

Die Ladenfront von Korsett Engelke.

Ein Ausschnitt des Schaufensters.

Fichu Stoffe

Fichu ist der französische Begriff für ein dreieckiges oder quadratisches, diagonal zu einem Dreieck gefaltetes Tuch, das Hals und Dekolleté von Frauen bedeckte.

Das Schaufenster des Geschäftes in der Akazienstraße ist winzig und dahinter liegt ein schmaler langer Laden, vollgestopft mit gestapelten Stoffballen, Knopfkartons und Zierbändern bis zur Decke – nur ein schmaler Gang bleibt übrig. Schuhe und Handtaschen sind an den gerade noch freien Oberwandflächen aufgehängt.

Der Inhaber Oleg Ilyapour ist kein Russe, wie sein Vorname vermuten ließe, sondern Iraner. Er erzählt mir, dass viele Iraner, die in Orten nahe der ehemaligen Seidenstraße leben, russische Vornamen tragen. Oleg Ilyapour hat den Laden von seiner Mutter übernommen. Seine Waren stammen aus Einkäufen, die größtenteils noch seine Mutter zwischen 1924 und 1971 gemacht hat. Er schwört, dass der letzte Neueinkauf wirklich 1971 erfolgte. Dabei steht er in dem schmalen Gang und lehnt sich auf den einzigen Stoffballenstapel, der nur schulterhoch ist. Er selber liebt auch ungewöhnliche Kleidung – mal trifft man ihn komplett in Weiß gekleidet, ein anderes Mal in einem bunten Kaftan mit einer glitzernden Kappe auf dem Kopf an.

Ungefragt bekommt man einen ausführlichen Schnellkurs über die Geschichte der für Stoffe verwendeten Fasern, von der Wolle bis zur Mikrofaser. Für Viskose (Kunstseide), die aus Pinien und Buchenholz hergestellt wird, werden die Hölzer in einer Natronlauge gelöst und dann die dabei entstehende zähflüssige Lösung durch eine Düse gepresst. Der Stoff war 1889 eine der Hauptattraktionen der Pariser Weltausstellung und dessen erste Herstellungsdüse wird angeblich noch heute im British Museum aufbewahrt. Nylon – wegen seiner Reißfestigkeit zunächst „No-run" genannt, hatte 1939 seinen Durchbruch und ging durch den Nylon-day (15.5.1940) – Verkaufsstart der Nylonstrümpfe – in die Geschichtsschreibung der USA ein. Das Polyester erlangte 1941 Patentreife.

In der Akazienstraße ist Oleg Ilyapour bekannt wie ein bunter Hund – wenn man mit ihm vor seinem Laden steht, grüßt ihn nahezu jeder, der vorbeikommt. Wenn jedoch ein Bambusstock schräg in der Ladentür steht, findet man ihn im Café links nebenan.

- Seit 1928
- Stoffe, Knöpfe, Schuhe, Handtaschen
  aus der Zeit vor 1971
- Mo, Mi, Do, Fr von 12 bis 18 Uhr
  Di von 15 bis 18 Uhr
  Sa von 10 bis 14 Uhr

Fichu
Akazienstraße 21
10823 Berlin-Schöneberg
Tel. 030-7815461

Stoffballen im Geschäft.　　　　　　　　*Die Ladenfront.*

Der Inhaber Oleg Ilyapour beim Erzählen.

Schirm Schirmer

Der kleine Laden liegt ziemlich versteckt in einer unscheinbaren Seitenstraße der Steglitzer Einkaufsmeile Schlossstraße.

Schirm Schirmer war bis 1990 ein Familienbetrieb der Familie Schirmer, die ihn dann aus Altersgründen und mangels Nachfolger an die heutige Inhaberin Jacqueline Brückner übergab. Diese kommt auch aus dem Schirmgeschäft. Ihr Urgroßvater und ihr Großvater waren beide Schirmmachermeister. Der Urgroßvater hat u. a. für die Ufa gearbeitet und der Großvater, der jetzt in Rente ist, ist der letzte Schirmmachermeister in Berlin/Brandenburg. In dem Beruf wird nicht mehr ausgebildet, sicherlich auch, weil durch die Billigprodukte aus asiatischen Ländern der Schirm für uns von einem Modeaccessoire zu einem reinen Zweckprodukt geworden ist.

Ich selber gehöre auch zu den Menschen, die Schirme dauernd stehen lassen, „aus Versehen" woanders mitnehmen und sich vierteljährlich fünf Stück im Billigangebot einer Drogeriekette kaufen, um den heimischen Schirmständer wieder neu zu bestücken.

Heute werden in dem Laden hochwertige Schirme, wie z. B. Pariser Modelle, die quadratisch sind und beinahe wundervoll dekadent aussehen, und besondere Gehstöcke mit wundervoller Knaufgestaltung verkauft.

Man kann Spezialanfertigungen, Schirmbezug und Form passend zum Outfit, oder z. B. Sets aus Schirm und Tasche in Auftrag geben. Nach wie vor werden Sonderanfertigungen für die Berliner Bühnen hergestellt.

Hinter dem Laden liegt eine kleine Werkstatt, die auf den ersten Blick ein wenig chaotisch wirkt, weil sich in ihr alle möglichen Einzelteile alter defekter Schirme stapeln. Frau Brückners Erklärung leuchtet sofort ein: Sie muss alte und defekte Schirme sammeln, um Ersatzteile für hochwertige Reparaturen zu haben, weil diese heute nicht mehr lieferbar sind.

- Seit 1908
- Regenschirme, Sonnenschirme, Gehstöcke
  Reparaturen und Spezialanfertigungen
- Mo–Fr von 10 bis 18 Uhr
  Sa von 11 bis 15 Uhr

Schirm Schirmer
Kieler Str. 6
12163 Berlin-Friedenau
Tel: 030-7916624

Mietvertrag.

Unter dem heutigen Datum ist von den Unterschriebenen nachstehender Mietvertrag geschlossen worden.

§ 1.

Es vermietet der *Rentier Paul Brinkmann Röntgenthal*
an dem *Kaufmann Franz Schirmer* und seine Ehefrau
Marianne Sch. unter deren gesamtverbindlichen Haftung
im *Vorder* Hause *Kielerstr. 6* parterre belegene Räume:

1 Entree (Korridor). | ~~Werkstatt,~~ | ~~Remise,~~ | ~~Kammer,~~
1 Zimmer, | 1 Laden, | ~~Stall,~~ | ~~Badezimmer,~~
~~Saal,~~ | ~~Fabrikraum,~~ | ~~Garten.~~ | 1 Bodenraum, 1 Bodenkammer
1 Küche, | 1 Geschäftskeller, | | ~~Hängeboden,~~
1 Klosett, | ~~Lagerkeller,~~ | | ~~Kellerraum,~~

nebst dem Mitgebrauche des Wasch- und Trockenraumes zum Zwecke der Benutzung als Wohnung mit des Betriebes eines *Schirmgeschäfts* auf die Zeit
vom *1* ten *Juli* 19*27* bis zum *30* ten *Juni* 19*28*,
also auf *1* Jahr *–* Monat für eine jährliche ~~Mindestmiete~~ **900** Mark *–* Pf. (in Worten)
Neunhundert Mark Mark *–* Pf. *zuzüglich der gesetzlichen*
Zuschläge

Von der Miete sind auf die gewerblichen Räume **600** Mark und auf die Wohnräume **300** Mark zu rechnen.

§ 2.

Mieter verpflichtet sich, die Miete in der Wohnung des Vermieters mit *je nach Zuschlag* – Pf.
~~vierteljährlich~~ monatlich *prä*numerando am 1 ten Tage jedes ~~laufenden~~ Monats, sowie auch mit derselben
jedesmal – Mark – Pf. Schornsteinfeger- und Müllabfuhr – Mark – Pf. für Flur- und

Der alte Mietvertrag von Franz Schirmer.

Blick in den Laden, 2008.

Schuhmacherei

Die kleine Schuhmacherei in der Bergmannstraße besteht seit ca. 80 Jahren, genau weiß der jetzige Inhaber Herr Specht es nicht. Er betreibt sie seit ungefähr zehn Jahren und sein Vorgänger Karl Ludwig hatte sie ca. 35 Jahre.

Bis heute wird mit alten Maschinen gearbeitet, die in etwa aus der Zeit von 1900 bis 1920 stammen, nur eine ist wohl aus den 1950er-Jahren. Herr Specht benutzt auch keine vorgefertigten Sohlen oder Absätze, sondern schneidet diese noch aus Platten, entweder mit den diversen Stanzformen, die an der Wand hängen oder nach eigener Schablone, wenn die Formen nicht passen. Der Tisch, an dem er arbeitet, ist wahrscheinlich noch vom Erstbesitzer, mit Sicherheit aber von seinem Vorbesitzer.

Alle Arten von Schuhen werden hier fachgerecht repariert, allerdings gibt es keine Neuanfertigungen mehr, obwohl noch einige alte Holzleisten im Schaufenster hängen.

Dass diese Schuhmacherei noch existiert, ist gemäß Herrn Specht sowohl der Innung als auch dem Hauseigentümer zu verdanken, die den Verbleib des Ladens an diesem Standort immer wieder unterstützt haben.

Herr Specht zeigte mir noch Fotos seines Vorbesitzers Karl Ludwig, der ein Schuhmacher mit Leib und Seele gewesen sein muss, wie auch er selber. Mit einem Kunden debattierte er sicherlich fünf Minuten über die Vor- und Nachteile von Wachs bzw. Schuhwichse bei der Pflege von Tangoschuhen. Das Endpolieren der Schuhe vor Übergabe an den Kunden durfte Herr Specht nur am rechten Tangoschuh vornehmen, der Kunde wollte den linken selber bearbeiten, weil er so gerne Schuhe putzt; beim nächsten Besuch wollen sie gemeinsam feststellen, wer besser poliert hat.

- Seit ca. 80 Jahren
- Reparatur von Schuhen,
  insbesondere von Tangoschuhen,
  Kletterschuhen, Moto-Cross-Schuhen
- Mo–Fr von 9 bis 13 und 14 bis 18 Uhr
  Sa von 9 bis 13 Uhr

Schuhmacherei
Bergmannstr. 52
10961 Berlin-Kreuzberg

Alte Maschine aus der Zeit um 1900.

Herr Specht bei der Arbeit.

Der vorherige Inhaber Karl Ludwig in der Werkstatt.

Knopfladen Paul Knopf

Schon in der Schulzeit übernahm Paul zusammen mit einem Schulkameraden das Sortiment eines aufgelösten Knopfladens. Später wurde auf Flohmärkten verkauft und getauscht, das Sortiment wuchs, 1979 der erste kleine Laden in Schöneberg eröffnet. Seit 1987 existiert der Laden in der Zossener Straße in Kreuzberg.

Wenn man das Geschäft betritt, versetzt einen die Vielfalt der zusammengetragenen Knöpfe in Staunen – man könnte stundenlang schauen. Aber Vorsicht: Paul ist nicht so erfreut über die Leute, die den kleinen Laden „vollstehen und schauen", aber nicht wirklich etwas kaufen wollen. Allzu redselig ist er auch nicht – es scheint zumindest so, als wäre er mit seinen Schätzen am liebsten alleine. Auch darf man die unzähligen Schachteln mit den vorn aufgenähten Knopfmustern nicht anfassen oder aus dem Regal nehmen, das dürfen nur Paul und sein Mitarbeiter, damit nichts kaputt geht oder durcheinander gerät.

Eher auf seiner Internetseite als von ihm erhält man interessante Informationen zur Historie der Knöpfe, Entwicklung von der Fibel (Spange zum Zusammenheften der Kleidung) über den Knebel mit Schlaufe bis zum Knopf und über die Entstehung des Knopflochs.

Auch wenn oder vielleicht gerade weil der Inhaber und seine Mitarbeiter weit entfernt von der amerikanischen „Your Welcome"-Haltung gegenüber Kunden sind, ist der Laden einzigartig und wunderbar.

- Seit ca. 30 Jahren
- Knöpfe in allen Materialien und Formen
  Eigenproduktion von Knöpfen mit
  Schwerpunkt Naturmaterialien
- Di und Fr von 9 bis 18 Uhr
  Mi und Do von 14 bis 18 Uhr

Knopfladen Paul Knopf
Zossener Str. 10
10961 Berlin-Kreuzberg
Tel: 030-6921212
www.paulknopf.de

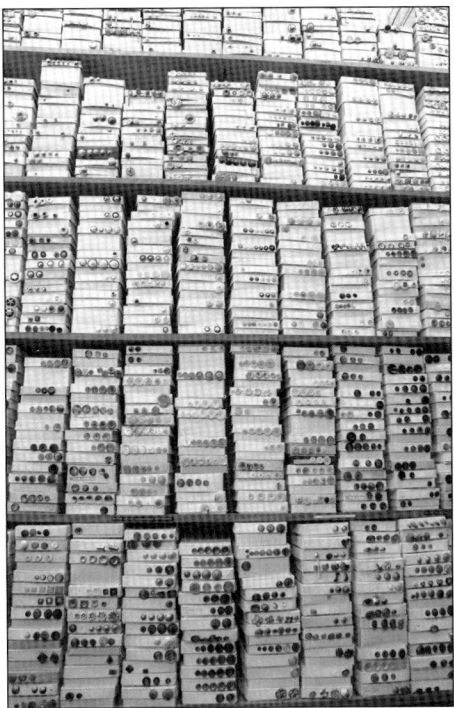

Repassieren

Eigentlich ist die 73-jährige Karin Marquardt eine Heimarbeiterin. Zweimal wöchentlich erhält sie von verschiedenen Annahmestellen, u. a. auch vom renommierten KaDeWe, die Strümpfe mit den Laufmaschen, die sie dann in einer kleinen Ecke ihrer Wohnung repariert. Sie dürfte die letzte im Lehrberuf Repassiererin ausgebildete und noch tätige Laufmaschenaufnehmerin in Berlin sein.

Zunächst wird der Strumpf mit der Stelle, an der die Laufmasche ausgelöst wurde (dem Loch), über die Öffnung eines Rohres gespannt. Dann werden die Ränder des Loches vernäht, damit sich keine weiteren Laufmaschen bilden können. Dazu verwendet Karin Marquardt Garn, das sie sich selbst aus aufgeribbelten Strumpfresten herstellt, weil ihr die käuflichen Garne zu dick sind (Zitat: „Die sieht man doch später.“). Dann geht es zum Ende der Laufmasche. Die ersten Maschen müssen mit einer feinen Klappnadel per Hand aufgenommen werden und dann kommt die mit der Nadel verbundene, druckluftbetriebene Maschine zum Einsatz, die die Nadel wie eine Nähmaschine in wenigen Sekunden die Laufmasche hochlaufen lässt und diese neu aufnimmt. Am Loch angekommen wird dann wieder mit der Hand die letzte Öse der Laufmasche mit dem Fadenende verhäkelt und so fixiert.

Ich äußerte meine Sorge, was passiert, wenn die alte Maschine einmal kaputt gehen sollte, aber Karin Marquardt beruhigte mich: Sie hat noch zwei weitere alte Maschinen. Probleme, meint sie, könnte es eines Tages nur mit dem Nachkauf von Nadeln geben, die mit 20 Euro schon jetzt sehr teuer und nur noch als Einzelanfertigungen aus der Schweiz zu beziehen sind.

Und dann zeigte sie mir noch viele alte Bilder aus ihrer Jugendzeit, bei der Arbeit und bei einer Werbevorführung für eine damals neue Repassiermaschine.

Wir philosophierten noch ein bisschen über unsere heutige Wegwerfgesellschaft und dann ging ich nach einem interessanten und lehrreichen Nachmittag mit dem Versprechen von Karin Marquardt, dass ich ihr zukünftig meine Strümpfe einfach per Post zum „Reparissieren“ senden darf.

• Seit 1952
• Repassieren – Aufnehmen von Laufmaschen
• keine festen Öffnungszeiten

Karin Marquardt
Repassiererin
Weichselstraße 26
12045 Berlin-Neukölln
Tel. 030-6242987

Die Repassiermaschine.

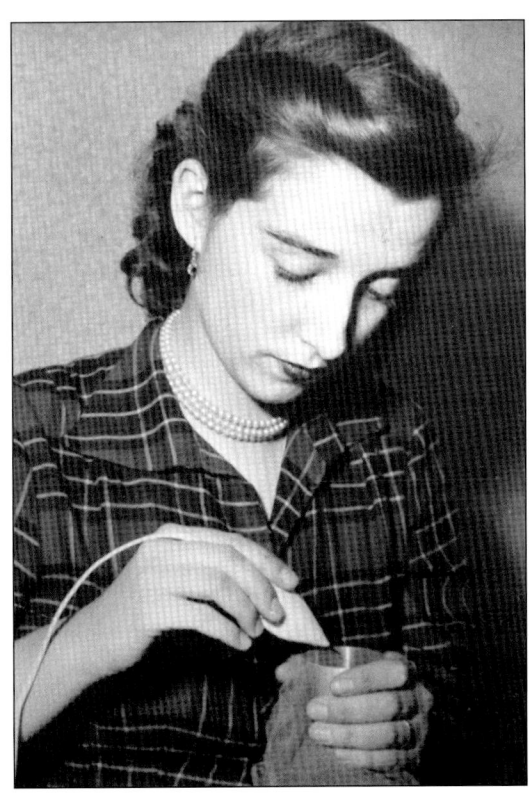

Karin Marquardt mit 17 Jahren beim Repassieren.

Weitere Adressen für das gute Aussehen

Müller	Maßschuhmacher	Richardstr. 111, 12043 Berlin
Schulze-Gunst	Augenoptik	Curtiusstr. 6, 12205 Berlin
Danowski	Juwelier	Drakestraße 33, 12205 Berlin
Gurlt	Juwelier	Mariendorfer Damm 87, 12109 Berlin
Pfitzner	Ledermoden	Poststr. 7, 10178 Berlin
Ka Tie Kaufhaus	Tiergarten	Levetzowstr. 16, 10555 Berlin
Schnick Dee	Kostümverleih	Gotenstr. 73, 10829 Berlin
Koffer Witt	Kofferladen/ -reparaturwerkstatt	Hauptstr. 9, 10824 Berlin
Ladylike	Dessous, Kurzwaren	Xantener Straße, 10707 Berlin
Trojan & Sohn	Maßhemden	Schlüterstr. 54, 10629 Berlin
Klöppelstube	Klöppeln	Rathausstr. 21, 10718 Berlin

Für das Lebensgefühl

PARFÜM NACH GEWICHT, FLIEGENFISCHEREI

UND KÜNSTLERBEDARF

Parfüm nach Gewicht

In der viel befahrenen Kantstraße – eher eine Durchgangs- als eine Einkaufs-straße – erwartet man nicht wirklich die wahrscheinlich kleinste Parfumfabrik der Welt.

Aufmerksam wurde ich auf den Laden, nachdem mir ein Freund zum Geburtstag einen Parfumflakon mit einer – wie er sagte – für mich persönlich kreierten Duftnote geschenkt hatte, versehen mit einem kleinen goldfarbenen Schild: „Harry Lehmann, Parfum".

Auf dem Firmenschild am Laden steht in alter Schrift „Parfum nach Gewicht und künstliche Blumen". Im Schaufenster links sind die 50 Grundduftnoten stufenförmig auf einer Stellage präsentiert, im Schaufenster rechts die künstli-chen Blumen. Beim Betreten des Ladens empfängt den Kunden eine stilreine Ladeneinrichtung aus den 1950er-Jahren und der Inhaber in vierter Generation im Anzug und meistens mit Fliege.

Glasballons mit Parfumessenzen ziehen sofort den Blick auf sich. Es riecht verwirrend – der Angriff auf den Geruchssinn irritiert besonders deshalb, weil man in den zweiten Teil des Ladens mit den künstlichen Blumen schaut und im ersten Moment unbewusst meint, der verwirrende Duft käme von den Blumen und nicht von den Glasballons.

Der Laden besteht seit 1926 an unterschiedlichen Standorten in Berlin, seit 1958 an der Adresse in der Kantstraße. Das Parfüm wird noch heute nach Gewicht verkauft und auf alten Apothekerwaagen sorgfältig abgewogen.

Der zweite Schritt beim ersten Kauf ist die Auswahl eines Flakons, das Sor-timent reicht von schlicht bis luxuriös. Den Flakon darf/soll man übrigens – um die Verschwendung von Verpackungsmaterial zu vermeiden – beim Zweitkauf zum Nachfüllen wieder mitbringen.

Auch die Kreation von individuellen Parfummischungen ist möglich. Auf Wunsch werden diese auf einer Karteikarte notiert, um sie bei Bedarf jederzeit erneut herstellen zu können.

- Seit 1926
- Parfum nach Gewicht
  Individuelle Parfummischungen
  Künstliche Blumen
- Mo–Fr von 9 bis 18:30 Uhr
  Sa von 9 bis 14 Uhr

Harry Lehmann
Kantstraße 106
10627 Berlin-Charlottenburg
Tel: 030-3243582
www.parfum-individual.de

Die Ladenfront im Jahre 2008.

Die Grundduftnoten im Schaufenster von Harry Lehmanns Geschäft.

Angelsport Eggers

Bei meinem Besuch des Ladens ist der Inhaber Knut Fiebig in eine Fachsimpelei mit zwei Kunden vertieft, es geht um Nymphen und Streamer und deren Einsatz. Später erfahre ich, dass es sich um spezielle Fliegentypen handelt. Herr Fiebig betreibt den Laden seit ca. zehn Jahren und ist der fünfte Inhaber dieses kleinen, seit ca. 1950 bestehenden Spezialgeschäftes.

Neben einem Grundsortiment zum klassischen Angeln – wie Blinkern, Regenwürmern (aus dem Kühlschrank) etc. – gibt es alles, was man zur Fliegenfischerei benötigt.

Ich erhalte als erstes eine Kurzeinführung in die Fliegenfischerei und erfahre
- warum die Ruten flexibler und die verwendeten Schnüre dicker und schwerer als beim normalen Angeln sind
- den Unterschied zwischen Nass- und Trockenfliegen
- dass man mit Fliegen nicht nur Forellen, sondern fast alle Fische, z. B. auch Hechte, angeln kann
- wie die Fliegen, wenn sie nass geworden sind, mit einer Art Trockenpulver und einem Imprägniermittel wieder aufbereitet werden.

Zum Schluss folgt die Erklärung, dass die „richtigen" Fliegenfischer ihre Fliegen selber bauen und keine vorgefertigten verwenden.

Das erklärt auch einen Teil des Warensortiments, Wände voller kleiner durchsichtiger Tüten mit bunten Federn, naturfarbenen und bunt eingefärbten Fellteilen, glitzernden kleinen Steinchen und bunten kleinen Ketten. Am liebsten würde frau sofort anfangen, daraus schrille Ohrringe, Hutdekorationen oder Accessoires für das Abendkleid zu basteln. Der Inhaber erzählt, dass manchmal Leute vom Theater oder Film kommen, weil er in diesem Bereich ein interessanteres Sortiment als so mancher Bastelladen hat.

Natürlich gibt es auch eine große Auswahl an Angelruten, Rollen, Spezialbekleidung für den fliegenfischenden Mann – Frauen gehen diesem Sport kaum nach. Herr Fiebig meint, die Fliegenfischerei habe etwas mit den uralten Jagdinstinkten der Männer zu tun.

- Seit ca. 1950
- Alles für die Fliegenfischerei
- Di–Fr von 9.30 bis 18 Uhr
  Sa von 9.30 bis 14 Uhr

Angelsport Eggers
Joachimstaler Straße 21
10719 Berlin-Wilmersdorf
Tel: 030-8812593
www.morefly.com

Schaukasten für Fertigfliegen.

Ansicht der Ladenfront, die seit den 1950er-Jahren fast unverändert besteht.

Otto Ebeling GmbH

Der Gründer und Urgroßvater des heutigen Inhabers, Benjamin Otto Ebeling, übersiedelte 1885 aus dem Harz nach Berlin und eröffnete in der Kurfürstenstraße 120/121 in Berlin-Tiergarten das ursprüngliche Ladengeschäft, damals noch als Künstlerbedarf, Papierhandlung und Buchbinderei. Zu dieser Zeit sollen viele berühmte Künstler zum Kundenkreis gezählt haben.

Im November 1943 wurden bei einem Bombenangriff auf Berlin die Geschäftsräume und der Hausbesitz der Familie zerstört und die Großeltern des jetzigen Inhabers getötet. 1944 begann dessen Vater, Joachim Otto Ebeling, mit dem Wiederaufbau des Ladengeschäftes, das erste fiel 1944 erneut einem Bombenangriff, das zweite 1945 einer Brandstiftung der Roten Armee zum Opfer.

Erst das dritte Ladengeschäft blieb von Zerstörung verschont, war aber offensichtlich noch gekennzeichnet durch die Situation der Nachkriegszeit. Joachim Otto Ebeling schreibt dazu in der Broschüre zum 100. Firmenjubiläum: „Das Angebot war kümmerlich. Neben den wenigen Papieren und Stiften wurden handgeschnitzte Buchstützen, Leuchter und handgemalte Glückwunschkarten verkauft. Die Waren transportierten wir mit einer Karre oder im Rucksack. In den Wintermonaten musste Kohle schwarz gekauft werden. Der Laden wurde geschlossen, sobald die Dunkelheit hereinbrach, denn Strom gab es nur für wenige Stunden am Tag."

Heute, nach weiteren diversen Umzügen innerhalb Schönebergs, gibt es an der Ansbacher- / Ecke Fuggerstraße direkt hinter dem KaDeWe ein großes Ladengeschäft mit zwölf Angestellten. Und wieder gehören z. B. Professoren der Kunsthochschule und Künstler aus Amerika, West- und Osteuropa zum Kundenstamm.

Was mich immer wieder beeindruckt ist die Geduld, mit der man bei Otto Ebeling beraten wird, selbst dann, wenn man nur ein Stück Geschenkpapier kaufen möchte. Das führt allerdings auch manchmal dazu, dass man warten muss – aber langweilig wird es dabei nicht. Es gibt so viel zu sehen im Laden: von den bunten Stiften und Kreiden, über die unterschiedlichen Papiersorten bis hin zu den Aushängen hinter der Kasse zu laufenden Kunstausstellungen, Kursen für Blattgoldverarbeitung etc.

- Seit 1885
- Zeichenbedarf, Grafik-Design-Material, Künstlerbedarf
- Mo–Fr von 8.30 bis 19 Uhr
  Sa von 10 bis 16 Uhr

Otto Ebeling GmbH
Künstlerbedarf
Fuggerstr. 43–45
10777 Berlin-Schöneberg
Tel. 030-2362560 + 030-2114621
www.otto-ebeling.de

Das erste Ladengeschäft in der Kurfürstenstraße 120, um 1900.

Schubkastenschränke für die Künstlerfarben.

Berliner Zinnfiguren

Der Firmengründer Werner Scholtz begann 1934 in Charlottenburg mit der Herausgabe eigener Zinnfiguren und nannte seine Firma „Werner Scholtz, Fachgeschäft für historische Zinnsoldaten". Im Jahre 1937 zog das Unternehmen zum Potsdamer Platz – dort mit der neuen Abteilung „Werner Scholtz – Herstellung historischer Zinnfiguren". Dieses Geschäft wurde 1945 ausgebombt.

1950 gab es in Berlin-Charlottenburg einen Neuanfang mit angeschlossenem Versandgeschäft. Im Jahre 1968 eröffnete das heute noch existierende Ladengeschäft in der Knesebeckstraße in Berlin-Charlottenburg. Heute führt Hans-Günther Scholtz zusammen mit seinem nachfolgenden Neffen das Geschäft in zweiter und dritter Generation.

Auch wenn man kein Sammler von Zinnfiguren ist, ziehen einen die diversen, mit kleinen bunt bemalten Figuren nachgestellten historischen Szenen in den Vitrinen in ihren Bann. Man entdeckt Kaiser Wilhelm I. und die Nachstellung einiger aus der Geschichte bekannter großer Schlachten, hört interessiert der Diskussion zwischen einem Kunden und einem Verkäufer über einen Figurensatz der preußischen Riesengarde um 1717 bezüglich des Tragens von Grenadiersmützen zu.

Hinter dem Laden liegt die kleine Manufaktur, ein Raum, in dem sich in Regalen die Schieferformen für die historischen Zinnfiguren stapeln und in dem noch per Hand gegossen wird. Die Zinnlegierung muss dazu ca. 430 Grad heiß sein. Vor dem Gießen werden die Schieferformen von Hand mit einer alten Puderspritze eingepudert, damit sich die Figuren anschließend aus der Form lösen lassen.

Ganz hinten im Lager ist der Lieblingsraum des Inhabers, in dem er z. B. komplette, hier im Hause hergestellte Kinderspielzeug-Sätze aus Zinnfiguren zu Themen wie „Robinson Crusoe", „Erorberung des Nordpols" oder „Die Feld-Telegrafenbau-Abteilung" zum Verkauf bereit hält.

- Seit 1934
- Zinnfiguren und Bücher zur Geschichte und Militärgeschichte
  Eigenherstellung von historischen Zinnfiguren und Spielzeugsätzen
  Versand weltweit
- Mo–Fr von 10 bis 18 Uhr
  Sa von 10 bis 15 Uhr

Berliner Zinnfiguren
Knesebeckstr. 88
10623 Berlin-Charlottenburg
Tel: 030-315700-0
Fax: 030-315700-77
www.zinnfigur.com

Der Gründer Werner Scholz 1972 in der Gießerei.

Ein französisches Regiment.

Puppen- und Teddyklinik

Die „Praxis" von Rosy Blanke in der Uhlandstraße besteht zwar erst seit 20 Jahren, aber getreu ihrem Motto „Bei mir ist noch kein Patient gestorben" ist sie wohl wesentlich erfolgreicher als ihre Medizinerkollegen. Der ganze Laden ist voll mit alten Puppen und Teddys, Puppenkleidern, Puppengliedmaßen, Puppenperücken etc. Man findet Steifftiere, Käthe-Kruse-Puppen, Celluloid- und Porzellanpuppen, Puppenstuben und Zubehör.

Am beeindruckendsten sind die Vorher-Nachher-Fotos ihrer „Patienten". Da entsteht aus einem undefinierbaren schmutzigen Stoffknäuel wieder ein hübscher Teddy und aus einer einbeinigen, armlosen und kahlen Puppe mit gesprungenem Prozellankopf wieder eine Schönheit mit kompletten Gliedmaßen, wallendem Haar und zartem Teint.

Sogar Barbara Streisand hat bei Rosy Blanke schon eine Puppe gekauft und die entsprechenden Artikel aus den Berliner Tageszeitungen hängen natürlich im Schaufenster.

Während ich im Laden stehe und staune, muss ich an meinen einstigen Lieblingsteddy aus der Kindheit denken – er war halb so groß wie ich mit meinen fünf Jahren, war gleichzeitig Kuschel- und Reittier und hatte mich seit meinem dritten Lebensjahr überall hin begleitet. Irgendwann fehlte ihm ein Glasauge, ein Arm hing nur noch an einem Faden und er war ziemlich schmutzig. Meine Mutter ließ ihn dann aus hygienischen Gründen verschwinden – ich war tagelang todunglücklich, obwohl ich einen neuen Teddy bekam.

Hätte es damals schon die Puppen- und Teddyklinik gegeben, hätte meine Oma den Teddy, den sie unterm Waschkessel verbrannte, wie sie mir erst viele Jahre später verriet, bestimmt dorthin gebracht und er könnte noch heute bei mir sein.

- Seit 1976
- Reparatur, An- und Verkauf von alten Puppen und Teddys
- Di–Fr von 11 bis 18 Uhr

Puppen- und Teddyklinik
Uhlandstraße 149
10719 Berlin-Wilmersdorf
Tel: 030-8736004
www.rosys-puppen-teddyklinik.de

„Wiederbelebte" Teddys.

Die Ladenfront der Puppen- und Teddyklinik.

Hobby-Shop Wilhelm Rüther

Wenn man das erste Mal den Laden (eigentlich die Läden, weil das Geschäft sich über insgesamt vier separate, nebeneinander liegende Ladenräume an der Goltzstraße verteilt) betritt, fühlt man sich wie erschlagen von der Vielfalt der Produkte und der Präsentationsdichte des Warensortimentes.

Bei Rüther bekommt man alles – wirklich alles – zum Basteln und kreativen Gestalten. Hier nur eine kleine ungeordnete Auswahl:
- Styroporfrauenkopf
- Bügelperlen
- Sohlen für Hüttenschuhe
- Ausstechformen von Berliner Wahrzeichen, z. B. Fernsehturm
- Schultütenrohlinge zum Selbstgestalten
- Taubenpaar mit Ringen für die Hochzeitsdekoration
- Schminkfarben für Karneval
- Schnittmuster zum Selbstnähen von Teddies
- Zinngießformen für Hufeisen und natürlich alles zum Töpfern, Seidenmalen, Emaillieren, Schmuckherstellen und für Gipsabformungen.

Wilhelm Rüther gründete das Unternehmen, das heute drei weitere Filialen in anderen Stadtbezirken Berlins hat, im Jahre 1969. Er arbeitet noch heute zeitweise im Laden, insbesondere wenn sein Sohn Martin Rüther nicht anwesend sein kann.

Wichtig ist den Rüthers die kompetente Beratung der Kunden, insbesondere wenn es z. B. um die Reparatur eines alten Familienerbstückes oder andere Spezialfälle geht.

- Seit 1969
- Alles zum Basteln und kreativen Gestalten
- Mo–Fr von 10 bis 19 Uhr
  Sa von 10 bis 16 Uhr

Hobby-Shop Wilhelm Rüther
Goltzstraße 37
10781 Berlin-Schöneberg
Tel. 030-2363683
www.hobbyshop.de

Außenansicht des Rüther'schen Geschäfts.

Ein Teilblick in das Ladeninnere.

Porzellan & Geschenke Gedan

Gedan ist ein echtes Traditionsunternehmen, seit eh und je am gleichen Ort in Neukölln. Allerdings passte sich das Familienunternehmen offensichtlich immer den Marktbedürfnissen an und war in verschiedenen Sparten tätig.

1907 hatte Hermann Gedan, der Großvater von Birgit Gollnick, die den Laden heute zusammen mit ihrem Mann Karl-Heinz Gollnick führt, für 3,50 Reichsmark eine Schankerlaubnis vom Stadtausschuss bekommen. Die Schankwirtschaft wurde zu einem wichtigen Treffpunkt im damaligen Rixdorf.

Sein Sohn Adolf Gedan baute dann neben dem Schankbetrieb noch einen Pferdehandel auf, seine Frau verkaufte Obst und Gemüse. Nach dem Zweiten Weltkrieg stellte man auf An- und Verkauf von Waren um, der sich langsam zum Eisenwaren- und Hausrathandel entwickelte.

1965 übernahmen dann die jetzigen Inhaber das Geschäft und gestalteten es nach und nach zu einem Porzellan-, Glas- und Geschenkeladen um. In vierter Generation ist nun die Tochter Birgit Gollnick im Laden sehr aktiv.

Gedan heute: Neben den klassischen Porzellanmarken KPM, Wedgewood, Rosenthal etc. und edlen Geschenken, z. B. von Swarovski, kann man Geschenkartikel verschiedener kleiner Designer und auch die sonst in Berlin nicht erhältlichen Bozener Engel kaufen.

Brautpaare hinterlegen immer noch gern ihre Hochzeitslisten, d. h. die diskreten Wunschlisten für die Hochzeitsgeschenke. Sie müssen lediglich die Hochzeitsgäste darüber informieren, den Rest erledigt Gedan.

Man darf sicher gespannt sein, auf welche Sparte sich die nächste Inhabergeneration fixieren wird.

- Seit 1907 als Unternehmenssitz mit verschiedenen Sparten, seit 1965 als Porzellanladen
- Porzellan und Geschenke
- Mo–Fr von 9.30 bis 18.30 Uhr
  Sa von 9.30 bis 14 Uhr

Gedan
Porzellan & Geschenke
Hermannstr. 138
12051 Berlin-Neukölln
Tel. 030-6289240
www.porzellan-gedan.de

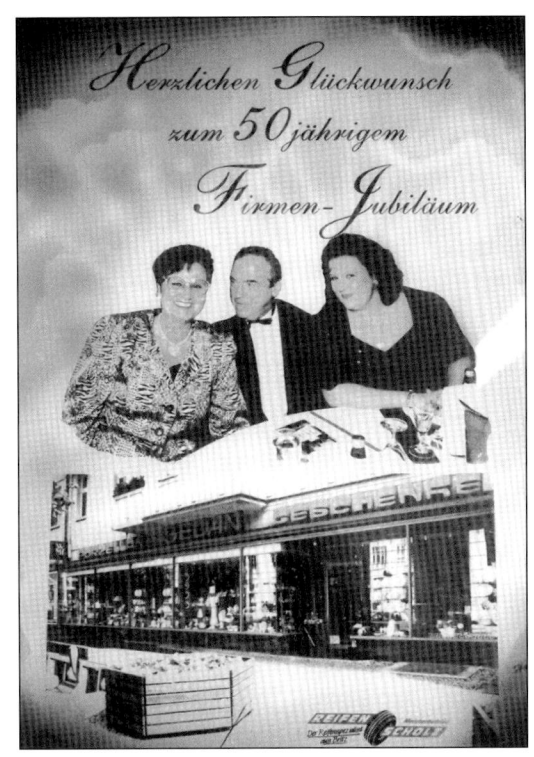

Glückwunsch zum 50. Firmenjubiläum.

Blick in den Laden.

Farben Kacza

Farben Kacza – gegründet von Heinz Kacza – gibt es seit 1948. Der heutige Inhaber Heinz Wirth arbeitet seit über 40 Jahren dort. Zunächst war er Angestellter bei Heinz Kacza, 1998 übernahm er den Laden vom Gründer.

Am Rande von „Klein-Instanbul", wie das ehemalige Kreuzberger Quartier SO36 wegen seines hohen türkischen Bevölkerungsanteils im Berliner Jargon oft genannt wird, betritt man den etwas verwinkelten Souterrainladen von Farben Kacza.

Gleich linker Hand stehen die offenen Kästen mit den losen Pigmenten, im Raum dahinter bekommt man Musterwalzen und Schablonen, mit deren Hilfe man Wand und Deckenflächen dekorieren kann. Eine halbe Treppe höher werden die Tapeten präsentiert, alleine über 2.000 Rollen 70er- und 80er-Jahre-Tapeten sind vorrätig. Auf dem Zwischenpodest sind die Leistenständer untergebracht und eine halbe Treppe tiefer befindet sich eine Art Musterraum mit Beispielen für Stuckvergoldung, Fries und Sockelgestaltungen mit Musterwalzen und Schablonen.

Die Kunden von Kacza sind sehr verschieden, vom alten Ehepaar aus dem Kiez, das sich bezüglich der Renovierung seiner Wohnung beraten lässt, bis hin zum Künstler, der lose Pigmente und Pinsel kauft.

Bei Bedarf, z. B. wenn man zum ersten Mal seine Wände in Wischtechnik gestalten will, bekommt man eine ausführliche Beratung und eine detaillierte Anleitung zum Mitnehmen.

- Seit 1948
- Pigmente, Pinsel, Tapeten, Schablonen, Musterwalzen, Farbmischanlage
- Mo, Di, Do, Fr von 8.12 bis 13 und 14 bis 18 Uhr Mi von 8.12 bis 13 Uhr Sa von 9 bis 13 Uhr

Farben Kacza
Oranienstr. 172–173
10999 Berlin-Kreuzberg
Tel: 030-6143847
www.farben-kacza.de

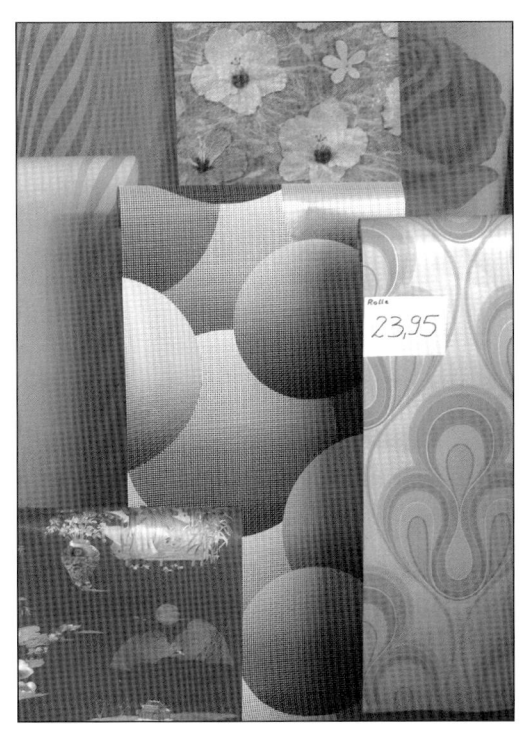

Tapeten mit Mustern aus den 1970er-Jahren.

Faszinierend und in allen Farbabstufungen erhältlich: lose Pigmente.

Berliner Handpresse

Nach einem etwas mühsamen Aufstieg in das Dachgeschoss des Gewerbegebäudes tauche ich unangemeldet in der Werkstatt in der Prinzessinenstraße auf. Wolfgang und Ingrid Jörg haben daher zunächst keine Zeit für mich, weil bis zum folgenden Tag ein Druck fertiggestellt werden muss.

Meine Einstiegserläuterung, ich käme, um eine besondere Buchdruckerei für ein Buch über traditionelle Läden zu besichtigen, war wohl auch falsch. Wolfgang Jörg korrigiert ohne Kritik oder Überheblichkeit: „Wir sind keine Buchdrucker, wir sind Künstler." Trotzdem durfte ich dann bei der Produktion der Druckblätter zuschauen und Fotos machen.

Er war gerade dabei, die alte Druckmaschine für den nächsten Druckvorgang einzurichten, Ingrid Jörg produzierte ein Druckblatt in mehreren Farbschichten im Linoleumdruck. Mit einer Walze wird dabei Farbe auf einer Platte verteilt, dann auf eine Linoleumschablone für diese Farbe aufgetragen und mit einer Negativschablone aus Papier abgedeckt. Dann wird das Druckblatt, das schon mehrere Farbschichten nach der gleichen Methode bekommen hat, per Hand passend darauf gelegt und in der alten Handpresse festgedrückt. Danach kommt das Blatt auf einen Trockenständer bis zur gleichen Bearbeitung mit der nächsten Farbschicht.

In einer Ecke stehen die alten Bleisatzkästen und an den Wänden ist eine Auswahl der Druckerzeugnisse angepinnt. Ich hätte Stunden hier verbringen und zusehen können, wie die Druckkunstwerke entstehen.

Die Berliner Handpresse wurde 1961 von den Malern und Grafikern Wolfgang Jörg und Erich Schöning gegründet. Es werden Bücher und Druckblätter im Handsatz und Handdruck hergestellt. Seit dem Tod von Erich Schöning 1989 führen Wolfgang und Ingrid Jörg die Berliner Handpresse alleine weiter.

• Seit 1961
• Literarische Texte mit Originalgrafiken im Handsatz
  Besondere Kinderbücher
  Bibliophile Kostbarkeiten

Berliner Handpresse
Prinzessinenstr. 20
10969 Berlin-Kreuzberg
Tel: 030-6142605
www.berliner-handpresse.de

Die Bleisatzkästen der Berliner Handpresse.

Wolfgang Jörg beim Einrichten der Druckmaschine.

Uhren Kunst Bischoff

Im ersten Moment glaubt man, ein Uhrenmuseum zu betreten, aber Friedrich Bischoff sammelt keine Uhren, sondern genießt es einfach, schöne alte Uhren für eine gewisse Zeit (die Dauer der Reparatur) um sich zu haben. Überall im Laden sieht man Stand-, Wand-, Tisch- und Taschenuhren sowie eine alte Bahnhofsuhr. Dazu hört man die verschiedenen Uhrentöne vom behäbigen tick-tack über ein eiliges tick-tick-tick bis hin zum glockenhellen ding-ding.

Für Friedrich Bischof ist Uhrmacher ein Traumberuf – so wie er ihn ausübt. Zwischendurch, in der Zeit, als Quarzuhren immer mehr die mechanischen Uhren verdrängten, hatte er seinen Beruf schon einmal richtig satt. Aber er machte wohl genau das Richtige, kaufte von Kollegen die Bestände alter Ersatzteile für mechanische Uhren auf und gründete 1980 die Spezialwerkstatt für alte Uhren. Ein wenig Bedauern für die „normalen" Uhrmacherkollegen schwingt in seiner Stimme mit, wenn er davon spricht, dass diese in modernen Uhren zu ca. 70 Prozent nur Batterien wechseln und ganze elektronische Bauteile austauschen.

Er muss einen unglaublichen Fundus von Federn, Zahnrädern, Uhrgläsern, Unruhen etc. haben, die er in wundervollen alten Schubladenschränken in der Werkstatt aufbewahrt. Und wenn er dort einmal kein passendes Ersatzteil findet, so wird dieses z.B. auf der alten Zahnradschneidemaschine von 1820 eben hergestellt.

Das Ambiente des Ladens ist ein besonderes – das dämmrig warme Licht, die alten Uhren, die Schubladenkästen und mittendrin der mit lauter Kleinteilen und kleinen Werkzeugen überladene Arbeitsplatz für die Reparaturen. Schauen Sie doch einmal auf die Internetseite von Friedrich Bischoff, da gibt es ein Video über den Laden und seinen Inhaber und ein interessantes Uhrenlexikon.

• Seit 1980
• Reparatur und Verkauf alter Uhren
• Mo–Fr von 13 bis 18 Uhr
 Sa von 10 bis 13 Uhr

Uhren Kunst Bischoff
Pestalozzistraße 54
10627 Berlin-Charlottenburg
Tel: 030-3232163
www.uhren-bischoff.de
uhren.bischoff@berlin.de

Schubladenkästen für die alten Ersatzteile.

Der Arbeitsplatz für Reparaturen.

Weitere Adressen für das Lebensgefühl

Lichthaus Wolle	Beleuchtungsfachgeschäft	Karl-Marx-Allee 71, 10243 Berlin
Höfs	Öfen, Kamine	Triftstr. 28, 13127 Berlin
Tanzschule am Bürgerpark	Tanzschule	Kreuzstraße 3–4, 13187 Berlin
Zigarren-Herzog	augewählte Zigarren	Ludwigkirchplatz 1–2, 10719 Berlin
Georg Behrendt	Deko und Festartikel	Hauptstr. 18, 10827 Berlin
Jukeland	Jukeboxladen	Crellestr. 14, 10827 Berlin
Russische Samoware	Samoware	Marburger Str. 5, 10789 Berlin
Bollhagen	Keramik	Neufertstr. 6, 14059 Berlin

Für den Alltag

BÜRSTEN, KURZWAREN, SCHÄDLINGSBEKÄMPFUNG

Uhren Maeckert

Schräg gegenüber vom Flughafen Tempelhof, der bei Erscheinen dieses Buches schon geschlossen sein wird, befindet sich seit über 50 Jahren Uhren Maeckert. Im Jahr 1897 wurde das Unternehmen gegründet und hatte seinen Sitz zunächst am Spittelmarkt, später in der Bergstraße (heutige Karl-Marx-Allee).

Am 1. August 1969 übernahm die Familie Schwedler das Unternehmen. Bernd Schwedler führt es heute in dritter Generation.

Neben den klassischen Uhrmacheraufgaben hat das Unternehmen auch immer wieder besondere Aufträge übernommen. Bernd Schwedler zeigt Fotos von der Reparatur einer Turmuhr und vom Bau der Uhrenanlagen in der Urania und bei der BfA. Eine besondere Spezialität sind die Kuckucksuhren – eine Auswahl von der klassischen bis hin zu einer gläsernen wird im Geschäft präsentiert.

An der Ladenrückseite sieht man den alten, sehr massiv aussehenden Tresor und davor in einer Vitrine alte Uhrmacherwerkzeuge.

Ein älterer Herr lässt die Batterie seiner Uhr wechseln – Bernd Schwedler stellt sie ihm nicht nur neu ein, sondern kontrolliert auch, ob die Kompassanzeige korrekt ist und weist den Herren darauf hin, dass der Kalender seiner Uhr nur noch bis 2029 reicht, was dieser lachend kommentiert mit: „Das wird für mich schon noch reichen."

- Seit 1897
- Reparatur und Neuanfertigung von Uhren
  Kuckucksuhren
  Gravuren und Anfertigung von Schmuck
  Sport- und Ehrenpreise
- Mo–Fr von 9 bis 18 Uhr
  Sa von 9 bis 13 Uhr

Uhren Maeckert
Dudenstr. 11
10965 Berlin-Tempelhof
Tel: 030-78990523

Ladenfront des Uhrmacher- und Juweliergeschäftes Maeckert.

Ein Blick in den Laden.

Drogerie Saxonia

Wenn man die Drogerie Saxonia betritt, fällt sofort die junge, offensichtlich immer fröhliche Inhaberin Claudia Czekalla zwischen den alten Drogerieschränken der 1892 gegründeten Drogerie auf. Sie scheint ihren Beruf zu lieben und sich in der alten Drogerie rundum wohl zu fühlen. Fragt man sie nach ihrem Sortiment, dann bekommt man die wahrscheinlich nicht kürzer mögliche Antwort:

„Selbstverständlich führen wir die gesamte Palette der ‚normalen‘ Drogerieartikel und Parfums führender Hersteller. Auch Haarspangen, Zierkämme und kleine Kästchen zur Aufbewahrung. Darüber hinaus verkaufen wir Rasierpinsel, Wildschweinbürsten, Chemikalien und Grundstoffe zur Kosmetikherstellung. Weiterhin haben wir einen Fotoservice mit preisgünstigen Angeboten und führen Geschenkartikel und Grußkarten. Eine Besonderheit ist unser ‚Weinzubehör‘, Materialien und Erzeugnisse zur Herstellung von Weinen und Bier. Als eine der wenigen Drogerien Berlins können wir Ihnen diverse Produkte zur Schädlingsbekämpfung offerieren, selbstverständlich mit fachkundiger Beratung."

Und natürlich gibt es zum Karneval Hütchen und Luftschlangen, zu Ostern Eierfarben und Ostergras etc. Bis vor kurzem stand auch noch ein alter „Billy Boy"-Automat neben der Eingangstür.

Aber vielleicht gibt es doch eine kürzere Antwort: Bei Claudia Czekalla bekommen Sie noch all die klassischen Drogerieartikel, die Sie in den Drogerieketten nicht mehr finden.

- Seit 1892
- alle Drogerieartikel
  Wildschweinbürsten und Weinzubehör
  Schädlingsbekämpfungsmittel
- Mo–Fr von 9 bis 18 Uhr
  So von 10 bis 18 Uhr

Drogerie Saxonia
Knesebeckstrasse 13–14
10623 Berlin-Charlottenburg
Tel: 030-3137296
www.saxonia-drogerie.de

Die Ladenfront der Drogerie.

Die junge Inhaberin Claudia Czekalla vor den alten Drogerieschränken.

Eisenwaren C. Adolph

Insbesondere an Samstagen braucht man Geduld. Jeder Kunde, auch wenn er nur eine einzelne Schraube kauft, wird von den langjährigen Mitarbeitern ausführlich beraten. Oftmals kommen Kunden auch mit einer Problemstellung aus dem Heimwerkerbereich und der Verkäufer macht zunächst mehrere Lösungsvorschläge, bevor er die dafür benötigten Kleinteile zusammensucht. So entstand z. B. bei mir zu Hause meine geliebte Fotowechselausstellung. Der Verkäufer empfahl mir nach längerer Beratung dünne Stahlseile, mit Spannern in Ösen auf Abstand zur Wand gebracht, und gab mir gleich auch noch den Tipp, wo ich in einem nahegelegenen Laden die passenden, verzinkten Umklappklammern kaufen könnte.

Man hat den Eindruck, dass es bei C. Adolph alles gibt, vom Engländer (Zange) über Kulissenscharniere bis zur Brustleier (Handbohrmaschine).

Frau Savary, die Frau des heutigen Inhabers, berichtet schmunzelnd, dass, wenn sie einen Kunden anspricht, es immer wieder vorkommt, dass dieser antwortet: „Ich warte lieber auf den Herrn" (männlichen Verkäufer). Manch einer, den sie beraten hat, lässt sich die Richtigkeit ihres Rates anschließend noch einmal von einem ihrer männlichen Mitarbeiter bestätigen. Ihre Schwiegereltern übernahmen den Laden von den Kindern des Gründers Christian Adolf, als diese nach Hagen in Westfalen gingen, wo sie heute noch einen Eisenwarenladen mit Schwerpunkt Bühnentechnik betreiben.

- Seit 1898
- Eisenwaren – Hausrat – Schlüsseldienst
  Elektrobedarf – Gartenbedarf – Bühnenbedarf
- Mo–Fr von 9 bis 19 Uhr
  Sa von 9 bis 14 Uhr

C. Adolph
Eisenwaren etc.
Savignyplatz 3
10623Berlin-Charlottenburg
Tel: 030-3138044-45

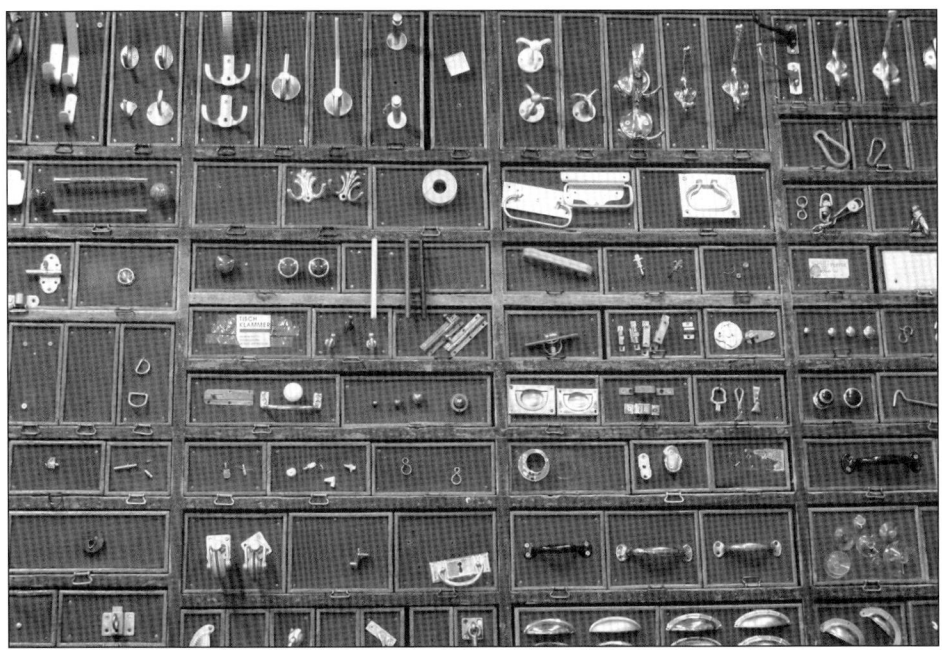

Die „Grüne Wand" für Griffe, Rollen und Haken.

Schubfächer für Beschläge aller Art.

Blindenwerkstatt Berlin

Eigentlich lernte ich die Blindenwerkstatt in der U-Bahn kennen. Auf dem Weg zu meiner ehemaligen Arbeitsstelle in der Berliner Keithstraße fiel mir eines Tages im U-Bahnhof ein blinder Mann auf, dem ich anbot, ihn zu begleiten. Schnell stellten wir fest, dass seine Arbeitsstätte, die City-Zweigstelle des Blindenhilfswerkes, nur drei Häuser von meinem Büro entfernt lag.

Und dann führte er mich auf seinem Weg, der für ihn lesbare Kennzeichen wie Pflasteränderungen, Poller etc. enthält und nicht ich ihn auf meinem Weg, der ein paar Meter kürzer ist. So hatte ich die Straße vorher noch nie wahrgenommen.

In den Werkstätten des Blindenhilfswerks werden in Handarbeit und auf Wunsch nach Vorgabe des Kunden
  • Bürsten aller Art
  • Körbe (vom Einkaufskorb bis zum Katzentransportkorb)
  • Rohrgeflechte als Meterware
hergestellt und diese Gegenstände – insbesondere Stühle mit Rohrgeflecht – auch repariert, und das zu günstigen Preisen bei hoher Qualität.

Wenn Sie einmal auf dem Gelände sind, besuchen Sie auch das kleine Blindenmuseum und den Garten der Sinne. Lassen Sie sich nicht irritieren von den für Sehende ungewöhnlichen Dingen wie den Ansagen in den Aufzügen und den Pollern mit Musik in den Außenanlagen. Lassen Sie sich einfach auf eine andere kleine Welt inmitten der Großstadt Berlin ein.

• Seit 1886
• Bürsten, Körbe, Rohrgeflecht
• Mo–Mi von 9 bis 16 Uhr
  Do von 9 bis 17.30 Uhr
  Fr von 9 bis 14.30 Uhr

Blindenwerkstatt Berlin
Rothenburgerstraße 14/15
12165 Berlin-Steglitz
Tel: 030-7925031-33
www.blindenhilfswerk-berlin.de

Blick in den heutigen Laden der Blindenwerkstatt.

Der erste Standort in der Lepsiusstraße.

75

Kurzwaren Espe

Die Firmengeschichte begann im Jahr 1950 mit dem Einfärben von Reißverschlüssen im Kellerraum der Wohnung durch Egon Espe und der Auslieferung an die Kunden per Fahrrad.

Später mietete er das erste Ladengeschäft in der Wilmersdorfer Straße an, schräg gegenüber dem heute noch existierenden Laden. Dann kamen die Übernahme durch den Sohn Peter Espe und später durch den Enkel und heutigen Inhaber Michael Espe mit seiner Frau Anke und der Umzug in das jetzige Ladengeschäft.

Heute gibt es im Erdgeschoss das von Anke Espe geleitete Ladengeschäft für Einzelhandel und in der darüber liegenden Wohnung im ersten Obergeschoss den Großhandel, den Michael Espe leitet. Er meint: „Meine Frau ist die Seele des Ladens, ich bin fürs Grobe."

Das bescheidene Motto des kleinen Unternehmens: „Wir haben nicht alles, aber ohne uns gäbe es vieles nicht."

Im Laden erlebt man den Umgang von Anke Espe mit einem Kunden, der etwas anzüglich „einen Gummi" verlangt und mit dem sie freundlich und geduldig seinen wirklichen Kaufwunsch – 6 Meter schmales Gummiband für ein Spannbetttuch – klärt.

Nach Besonderheiten des Unternehmens befragt, murmelt Michael Espe etwas von diversen prominenten Kunden und Sonderartikeln für die Pathologie, will sich dazu aber der Diskretion halber und weil seine Kunden das nicht schätzen nicht näher auslassen.

Dass einzelne Kunden seine Artikel mitunter als zu teuer im Vergleich zu billiger Massenware kritisieren, ärgert ihn schon. Die permanente Vorrathaltung eines breiten Spezialsortiments kann preislich nun einmal nicht mit den kurzfristigen Schnäppchen von Großanbietern mithalten.

• Seit 1950
• Kurzwaren
  Reißverschlüsse
• Mo–Fr von 9.30 bis 18 Uhr
  Sa von 9.30 bis 13 Uhr

Kurzwaren Espe
Wilmersdorfer Str. 106
10629 Berlin-Charlottenburg
Tel. 030-3245004
www.espe-online.de

Blick ins Ladeninnere.

Außenansicht des Ladengeschäftes von Kurzwaren Espe.

Fahrrad Linke

Wilhelm Linke gründete Fahrrad Linke 1912, heute wird der Laden in vierter Generation von Mechanikermeister Peter Esch geführt. Zunächst war das Geschäft in der Oderbergerstraße, später in der Kastanienallee, aber immer im gleichen Kiez im Stadtteil Prenzlauer Berg.

In den 1980er-Jahren zogen Künstler und Unangepasste in das Viertel. Seit der politischen Wende 1989 wird das Quartier von jungen, eher gut betuchten Paaren und Touristen beherrscht; für letztere Gruppe gehört ein Besuch des Kiezes inzwischen zum Standardprogramm einer Berlinreise.

Früher waren dem Laden neben der heute noch existenten eigenen Werkstatt auch eine Verchromerei und eine Lackiererei angegliedert. Frau Esch erzählt von den damaligen speziell geschulten Mitarbeitern, die die Schriftzüge auf den Fahrradrahmen noch per Hand aufmalten, heute kommen meistens Aufklebefolien zum Einsatz. Auch die schönen alten, gebogenen Metallplaketten des Fahrradladens, die früher auf dem Rahmen befestigt wurden, kommen heute nicht mehr zum Einsatz. Sie schenkt mir eine solche Metallplakette – darf ich die eigentlich an mein altes Serienfahrrad machen?

Nicht nur alle möglichen Typen fertiger Fahrräder vom Kinder- bis zum Rennrad sind hier erhältlich. Vielmehr kann man sich aus ausgewählten Komponenten ein individuelles Fahrrad zusammenbauen oder sein vorhandenes Rad „tunen" lassen. Und selbstverständlich gibt es jegliches Zubehör für den Radfahrer.

- Seit 1912
- Fahrräder, Ersatzteile und Zubehör
  Reparatur und Service
  Bekleidung, Helme und Brillen
- Mo–Fr von 10 bis 13.30 und 14.30 bis 19 Uhr
  Sa von 10 Uhr bis der letzte Kunde geht

Fahrrad Linke
Kastanienallee 10
10435 Berlin-Prenzlauer Berg
Tel: 030-4492651
www.fahrrad-linke.de

Blick in den Fahrrad-Laden.

Das Firmen-Logo.

Fernseh-, Video- und HiFi-Reparaturen Wehbeck

Nach dem Betreten von Achim Wehbecks Laden muss man sich erst einmal bis zum Ladentisch durchkämpfen. Überall stapeln sich Reparaturgeräte mit Zetteln dran. Pro Tag kommen momentan im Schnitt acht neue Reparaturen rein, sechs können abgearbeitet werden.

Man entdeckt Geräte, von denen man gar nicht mehr glaubte, dass sie tatsächlich noch irgendwo in Gebrauch sind, z. B. alte Spulentonbänder, eine Musiktruhe aus den 1960ern, alte Schwarz-Weiß-Fernseher mit Minibildschirm etc.

Achim Wehbeck erzählt, wie er zu seinem Beruf kam: Als kleiner Junge erbte er von der Oma ein defektes altes Radio. Nachdem er zunächst wochenlang gespart hatte, um die 75 Pfennig für das Ersatzteil zusammenzubekommen, konnte er sich endlich eines Tages an die Reparatur machen. Dabei vergaß er, den Stecker aus der Steckdose zu ziehen und bekam einen elektrischen Schlag. In diesem Moment wusste er, dass dies der richtige Beruf für ihn ist, sagt er.

Wo er die ganzen Ersatzteile für die alten Geräte lagert, hat er mir nicht verraten, aber dass es oftmals leichter ist, noch ein Ersatzteil für ein Gerät aus den 1950ern aufzutreiben als für ein neues Gerät. Mit leichter Empörung erzählt er, dass er vor kurzem ein nur zwei Jahre und vier Monate altes, defektes Markengerät rein bekam und der Hersteller keine Ersatzteile für eine Reparatur mehr liefern konnte.

Man merkt, dass Achim Wehbeck seinen Beruf liebt. Eigentlich ist er in fünf Jahren im Rentenalter, aber zehn Jahre will er noch machen. Er bedauert es sehr, dass es heute in Berlin keinen Betrieb mehr gibt, der Fernsehtechniker ausbildet, d.h., dass der Beruf wohl irgendwann aussterben wird.

- Seit 1972
- Reparatur von Fernsehern, Plattenspielern, Tonbändern, Grammophonen, Staubsaugern etc.
- Mo–Fr von 10 bis 17 Uhr
  November bis März auch Samstagvormittag

Technik & Service
Fernseh-, Video- und HiFi-Reparaturen
Rauchstr. 2
13587 Berlin-Hakenfelde
Tel. 030-3359878
www.altgeraete-reparatur.de

Ein alter Volksempfänger, damals auch „Goebbelsschnauze" genannt, ist hier ebenfalls zu sehen.

Achim Wehbeck hinter dem Ladentisch.

Hanf- und Drahtseile Lusche

„Der Firmengründer Günther Lusche entstammte einer alten Schöneberger Familie, die urkundlich seit 1723 in der Schöneberger Hauptstraße ansässig ist und dort heute noch ihren Firmensitz hat. Im Jahre 1923 entschloss sich Günther Lusche, ein Unternehmen zu gründen. Zunächst übernahm er verschiedene Vertretungen namhafter Hanfspinnereien, Tauwerkfabriken und mechanischer Flechtereien und ging bald dazu über, den Großhandel dieser Produkte aufzunehmen. Nach dem Zweiten Weltkrieg wurde das Unternehmen mit Groß- und Einzelhandel zu einer leistungsfähigen Seilwerkstatt für die Berliner Wirtschaft." (Zitat aus der Chronik auf der Unternehmenswebsite http://www.lusche-seile.de)

Bei meinem Besuch bin ich zunächst irritiert: Der Einzelhandelsladen an der Straße ist – obwohl ich während der Öffnungszeiten komme – verschlossen. Es wird auf das Büro halbe Treppe im Durchgang verwiesen. Im Hof sehe ich die Werkstätten, die in den Gebäuden des ehemaligen Gutshofes – heute mitten in Berlin –, in der alten Scheune und der ehemaligen Remise, angesiedelt sind.

Ein Mitarbeiter zeigt mir die Werkstätten und die verschiedenen Lager für Hanf- und Drahtseile. Wir unterhalten uns über das Spleißen von gerissenen Drahtseilen, das ich als ehemalige Segelfliegerin theoretisch auch einmal gelernt habe. Er zeigt mir an einem Hammerstiel, wie die für mich zunächst nicht einzuordnenden schlauchförmigen Drahtseilgeflechte als Kabelschuhe unter Zug funktionieren und traditionelle Fender aus Hanfseil für Segelboote.

Nicolas Lusche – der heutige Inhaber – hat eigentlich keine Zeit, aber er leiht mir zwei alte Bücher über die Seilherstellung, die mir beim Lesen (wieder) klargemacht haben, wo diese aus zusammengedrehten Fasern oder Drähten bestehenden, länglichen, biegeschlaffen Elemente zur Übertragung von Zugkräften in unserem Leben überall vorkommen:
- auf Baustellen zum Materialtransport und für die Sicherheit
- beim Sport als Kletterseile, Segeltampen, Schleppseile beim Segelfliegen etc.
- im Alltag als Katzennetze
- in der Wirtschaft als Kabelverbinder

- Seit 1923
- Hanf- und Drahtseile, Ketten, Hebezeuge, Seilzubehör, Groß- und Einzelhandel
- Einzelhandel: Mo–Fr 8 bis 18 Uhr

Günther Lusche
Hanf- und Drahtseile
Hauptstr. 119
10827 Berlin-Friedenau
Tel. 030-7889380
www.lusche-seile.de

Rollen im Drahtseillager.

Das Hanfseillager.

Elektro Gas Wasser Dickert

Der heutige Inhaber Herr Junge zögert bei meiner Frage, in wievielter Generation er das Geschäft betreibt – eigentlich in vierter, aber streng genommen doch nicht ganz.

Gegründet hat das kleine Unternehmen 1907 Willy Dickert, sein Sohn Erwin führte es fort, dann dessen Sohn Günther.

Herr Junge hat es, nachdem er über 20 Jahre als Angestellter dort tätig war, von dem kinderlosen Günther Dickert übernommen und fühlt sich als zur Familie gehörig, auch wenn die beiden nicht blutsverwandt sind. Er bedauerte sehr, dass ich nicht am Vortag gekommen bin – da hätte ich Günther Dickert kennenlernen können, der noch heute zeitweise im Laden mitarbeitet. Außerdem gibt es noch einen weiteren Mitarbeiter.

Den Umsatz macht das kleine Unternehmen hauptsächlich mit Installationsaufträgen und im Kundendienst, der Laden ist eher Tradition. Herr Junge erzählt von Stammkunden, die früher einmal nebenan gelebt haben und heute noch aus entfernten Stadtteilen zu ihm kommen, weil sie den Service des kleinen Unternehmens schätzen.

Ein klein wenig ärgert sich Herr Junge darüber, dass viele potentielle Kunden glauben, dass bei ihm die Artikel stets teurer wären als in den Großmärkten. Als Gegenbeispiel führt er die Markenbatterien an, die er bis zu 40 Prozent billiger anbietet als diese. Darüber hinaus hat er ein breiteres Glühlampensortiment und kann alte Installationsersatzteile anbieten, die man sonst nirgends mehr bekommt.

Leider kannte ich Herrn Junge noch nicht, als ich meinen alten Gasherd gegen einen neuen austauschen musste, weil laut Angaben des Händlers das Ersatzteil, das Herr Junge auf jeden Fall noch hat, vom Hersteller nicht mehr lieferbar war.

- Seit 1907
- Elektro-, Gas- und Wasser-Installation und -Reparatur, Reparatur aller elektrischen Kleingeräte, Verkauf von Installationsbedarf
- Mo–Fr von 12 bis 18 Uhrs

Elektro Gas Wasser
Dickert
Mommsenstr. 43
10629 Berlin-Charlottenburg
Tel. 030-3232106

Erwin Dickerts Ehefrau.

Herr Junge in seinem Laden.

Fotomechanische Werkstatt

Als Berliner, der gerne und nicht nur mit Billigkameras fotografiert, kennt man Batchvarov & Thiel einfach. Hier wird jede Kamera, egal ob Spiegelreflex-, Sucher- oder Digitalkamera, fachgerecht und mit Garantie repariert. Einen Service, den man meiner Kenntnis nach kein zweites Mal in Berlin finden kann.

Ich kann mich erinnern, dass B & T mir in der Vergangenheit schon zwei Markenkameras gerettet hat, bei denen die Hersteller eine Reparatur wegen des Alters ablehnten bzw. nur zu einem horrenden Preis ausführen wollten.

Der kleine Laden hat keine Werbeanlage, nur eine dezente Klebeschrift im Ladenfenster – das Geschäft findet in der Werkstatt statt, die offensichtlich viele Kunden hat.

Auf meine Frage nach besonderen Geschichten reagiert Herr Thiel mit: „Das waren schon so viele, die vergisst man wieder." Aber dann erzählt er doch ein bisschen von Filmproduktionen, die sich manchmal alte Kameras als Requisiten bei ihm ausleihen, und von Kunden, die er schon glücklich machen konnte, weil er ihnen die versehentlich gelöschte Speicherkarte mit den einmaligen Urlaubsfotos rekonstruiert hat.

Herr Batchvarov eröffnete die Werkstatt 1945, damals auch schon in Charlottenburg neben der Pommerngrundschule. Seit 1960 gibt es den Laden an der jetzigen Anschrift, und seit 1980 ist Herr Thiel der Inhaber dieser für Fotofreunde einmaligen Werkstatt.

- Seit 1945
- Reparaturen im Bereich Foto, Kino, Optik
  Überspielung alter Bild- und Tondokumente
  auf neue Medien
- Mo–Do von 9 bis 17 Uhr
  Fr von 9 bis 14 Uhr

Batchvarov & Thiel
Fotomechanische Werkstatt
Sybelstr. 19
10629 Berlin-Charlottenburg
Tel. 030-3238319

Rechts unten im Bild ist der alte Laden um 1960 zu sehen.

Herr Thiel in seiner Werkstatt.

Weitere Adressen für den Alltag

Holze	Elektrohaus	Machnower Str. 5, 14163 Berlin
Gebr. Kube	Eisenwarenhandlung	Tauroggener Str. 40, 10589 Berlin
Thiel	Glaserei	Stellingdamm 3, 12555 Berlin
Willy Neumann e.K.	Schraubengroßhandlung	Augustastr. 7, 12203 Berlin
Döring	Eisenwaren, Werkzeuge	Kaiserdamm 17, 14057 Berlin
Schlumm	Tischlereibedarf, Rahmen	Nostitzstr. 36, 10961 Berlin
Kohlenhandlung	Kohlen und Holz	Leberstr. 21, 10829 Berlin
Kokott	Berufskleidung	Karl-Marx-Str. 12, 12043 Berlin

Für Auge und Ohr

FRAUENROMANE, ALTE SCHALLPLATTEN UND GEIGENBAU

Bücher und Romane

Als ich klein war, kam alle zwei Monate eine alte Tante namens Emma für ein paar Tage zu uns, die sich als Weißnäherin ihr Geld verdiente. Sie ging von Haushalt zu Haushalt und reparierte die Wäsche im Haus gegen Kost, Logis und Taschengeld. Einen Mann oder Geliebten hat sie bis zu ihrem Lebensende nicht gehabt, aber dafür las sie Frauenromane – diese kleinen DIN 5 großen Romanheftchen mit den bunten Bildern (meist von Liebespaaren) auf dem Cover, deren Geschichte eigentlich immer die gleiche ist: Zwei Menschen verlieben sich ineinander, es kommt wegen Standesunterschieden, Geldsorgen oder Lebensbrüchen zur Trennung und nach viel Herz-Schmerz gibt es immer ein Happy-End.

Nach getaner Arbeit saß Tante Emma mit einem Frauenroman im Sessel und las. Es dauerte nicht lange bis die ersten Tränen unter ihrer Nickelbrille hervorrannen, sie tief seufzte und murmelte: „He hot se sitten loaten, he hot sie weder sitten loaten." Dann verschwand ihre Hand in der immer neben ihr stehenden Handtasche. Sie kramte weiterlesend darin herum bis sie eine ihrer Quadronal-Schmerztabletten fand und diese dann ohne Wasser einfach zerkaute.

Der Laden existiert seit über 40 Jahren, die jetzige Besitzerin kann sich noch erinnern, dass sie selber den Laden seit 27 Jahren betreibt und dass die Voreigentümerin ihn schon mindestens 15 Jahre gehabt hatte. Im Geschäft steht heute meistens eine Freundin (eine andere ältere Dame) – die Besitzerin trifft man nur manchmal im 1950er-Jahre Sessel sitzend beim Kaffeetrinken an.

Man bekommt nicht nur Frauenromane, sondern auch alte Jerry-Cotton-Hefte, Comics und diverse gebrauchte Taschenbücher. Ein gebrauchter Frauenroman kostet zwischen 30 und 40 Cent, und wenn man einen anderen im Tausch dafür zurückgibt nur 15 bis 20 Cent. Leben können die beiden älteren Damen davon wohl kaum, aber den Laden schließen wollen sie auch nicht, weil sie viele Stammkunden haben, die zum Teil von weit her kommen. Es soll einen Stammkunden geben, der einmal im Monat aus Oranienburg anreist, um 100 neue Heftchen zu holen und 100 gelesene wieder zurückzutauschen.

Stammkunden haben die Erlaubnis, in den Heftchen mit Bleistift auf der ersten Seite ihr Kennzeichen anzubringen, damit sie nicht aus Versehen das gleiche Heftchen ein zweites Mal mitnehmen.

- Seit über 40 Jahren
- Ankauf, Verkauf und Tausch von gebrauchten Roman- und Krimiheften, Comics und Büchern
- Mo–Do von 10 Uhr bis 13 Uhr und von 15 Uhr bis 17.30 Uhr Fr von 10 Uhr bis 16 Uhr

Bücher und Romane
An- und Verkauf
Weisestraße 2
12049 Berlin-Neukölln

Ladeninneres mit der Verkäuferin.

Ein Sortimentsausschnitt.

Platten Pedro

Peter Patzek, ehemals Diskjockey in Wuppertal, kam 1969 nach Berlin – im Gepäck seine damals noch private Schallplattensammlung mit ca. 5.000 Singles. Seine Frau brachte ihn dann auf die Idee, mit alten Schallplatten zu handeln und mit dem damals in Berlin noch gewährten Ehestandsdarlehen von 3.000 DM wurde das kleine Unternehmen gegründet. Zunächst in Wilmersdorf – aber den Laden gab Patzeck 1974 wieder auf, weil der Besitzer einer dieser „Immobilienhaie" war, der modernisieren und die Miete erhöhen wollte.

Heute bietet der kleine Laden über 130.000 alte Platten (LP, Maxi, Single in Schellack und Vinyl) in 84 Sachabteilungen von Russischer Folklore bis zu Psycho Rock. Man kramt und hat eigentlich dauernd alte Platten in der Hand, die Emotionen auslösen: die alte Roy-Black-Single erinnert mich daran, wie sehr ich als Teeny für ihn geschwärmt habe, eine alte Werbeschallplatte von 4711 ruft den Geruch von Omas „Parfüm" wach und eine Beatles-Scheibe bringt das für die heutige Generation sicher nicht mehr nachvollziehbare revolutionäre Musikfeeling der 1960er zurück. Ein Besuch bei Platten Pedro gleicht einer nostalgischen Reise in die Vergangenheit.

Der Laden ist in jeder Nische bis an die Decke vollgestopft mit alten Platten; mittendrin ein kleines Sofa, der Stammplatz des 67-jährigen „Pedro", wenn er nicht gerade durch den Laden wieselt, um für Kunden eine Platte zu suchen. Und dann fängt er an zu erzählen, von einer Platte, die er selber produziert hat, einem Buch, das er geschrieben hat und dem Auftritt in einer Fernsehshow vor kurzem. Er war seiner Zeit immer schon voraus: Umweltschutz, soll heißen Verzicht auf Autofahren praktiziert er schon seit den 1970ern und seine erwachsenen Adoptivkinder stammen aus fernen Ländern.

Er ist der festen Überzeugung, dass Platten wieder im Kommen sind. Es werden wieder mehr Plattenspieler hergestellt und vertrieben sowie alte Platten neu aufgelegt. Eine Platte kann man noch nach 100 Jahren hören, die Lebensdauer einer CD wird von Experten auf maximal 25 bis 30 Jahre geschätzt.

• Seit ca. 1969
• alle Formen alter Tonträger außer MC und CD
• Mo–Fr von 10 bis 18 Uhr
  Sa von 10 bis 14 Uhr

Platten Pedro
Tegeler Weg 102
10589 Berlin-Charlottenburg
Tel. 030-3441875
www.platten-pedro.de

Regal mit Schallplatten im Laden.

Peter „Pedro" Patzek auf dem Sofa.

93

Grammophon Salon Schumacher

Ralf Schumacher beschäftigte sich seit seiner Kindheit mit Grammophonen und Tonträgern und fing dann an, auf Flohmärkten mit Grammophonen zu handeln. 1999 hat er, der er eigentlich nie einen Laden eröffnen wollte, das Geschäft in der Eisenacher Straße eröffnet, weil Freunde von ihm aus ihrem alten Mietvertrag heraus wollten.

Im Laden stehen alle Arten von Grammophonen, von der Kaffeemühle (aufgesetzter Trichter) bis zum Sargmodell (geschlossener Kasten mit innen liegendem Trichter). Solche mit Jalousien (zur Lautstärkeregelung) sind dabei und auch ein seltenes französisches Grammophon, das mit einem Saphir statt mit einer Nadel betrieben wird und dessen Kopf längs statt quer steht. Es kann nur spezielle Platten abspielen, bei denen die Töne in der Platte als Berg und Tal eingeprägt sind und nicht wie üblich in den Seiten der Rille.

Ich erfuhr, dass die Lautstärke von der Stärke der Nadel abhängt (dünn = leise, dick = laut) und dass nach dem Abspielen jeder Platte die Nadel gewechselt werden muss, 100 Stück gibt es für sechs Euro. Dass Kastengrammophone einen saubereren Ton abgeben als Kaffeemühlen und dass es seit Anfang der 1920er-Jahre Koffergrammophone gab, ab ca. 1930 solche mit elektrischem Antrieb, sodass man nicht mehr kurbeln musste.

Eine indonesische Kundin erinnert sich an das Grammophon ihres Groß-vaters in Indonesien und möchte gerne so eines haben. Im Nebensatz fragt sie, ob es wohl auch alte Platten aus Indonesien gibt. Nach fünf Minuten Suche im Lager kommt Ralf Schumacher tatsächlich mit einer Platte aus Bali zurück.

Das Highlight war für mich an diesem Tag das Vorspielen einer alten Version von „Smoke gets in your eyes" auf verschiedenen Grammophonen. Ich stand mit geschlossenen Augen im Laden und konnte die Atmosphäre eines Tanzcafés der 1920er förmlich spüren.

Man kann den Laden nicht ausreichend beschreiben, man sollte ihn einfach hören.

• Seit 1999
• An- und Verkauf von Grammophonen und Schellackplatten
• Do und Fr von 14 bis 19 Uhr

Grammophon Salon Schumacher
Eisenacher Str. 11
10777 Berlin-Wilmersdorf
Tel. 030-21474640
www.grammophon-salon.de

Blick auf die Grammophone im Salon Schumacher.

Altes Plattenlabel.

Klavierbaumeister Skibbe

Vater und Sohn Skibbe betreiben gemeinsam die handwerklich solide Grund-renovierung von Klavieren und Flügeln. Der Vater gründete das kleine Unternehmen 1976 und sagt von sich selber, dass er eigentlich in Rente sei und nur noch mithelfe. Er verweist an seinen Sohn als Inhaber, aber der zögert, die Rolle anzunehmen.

Auf meine Frage, wie viele Betriebe für Klavierreparatur es noch in Berlin gibt, antwortete Herr Skibbe sen.: „Die meisten wischen nur ein bisschen Staub und stimmen neu."

Im Laden stehen wundervoll restaurierte, mit Filzüberzügen abgedeckte Klaviere und in der Werkstatt Holzgerippe, bei denen sich der Laie schwer tut, diese noch als Musikinstrumente zu identifizieren.

Auf mehrmaliges Nachfragen erklärten mir die beiden, wie sie die Grund-renovierungen machen. Der Junior zeigte mir an einem Modell, wie ein Klavier zwischen Tastendruck und Ton eigentlich funktioniert und der Vater erklärte den Prozess der Holzbehandlung mit Schellack.

Danach durfte ich einen Blick in die Werkstatt werfen – ein paar Filzbezüge wurden abgenommen, damit ich die restaurierten Stücke bewundern und foto-grafieren konnte. Die restaurierten Stücke sind einfach wundervoll – sie sehen neu aus, bewahren aber Pracht und Stil ihrer Entstehungszeit.

In der Werkstatt beeindruckte mich die Vielzahl der sauber aufgereiht in Schränken hängenden Tischlerwerkzeuge, vom Hobel über Stechbeitel bis zu mir unbekannten Werkzeugen, die von ihrer Form her etwas mit den Tasten eines Klaviers zu tun haben müssen.

Ich verstehe nichts von diesem Handwerk, aber mein Eindruck ist, dass beide eine hervorragende handwerkliche Arbeit leisten.

- Seit 1976
- Reparatur, Grundrenovierung von
  Klavieren und Flügeln
- Mo–Fr von 8 bis 16 Uhr

Klavierbaumeister Skibbe
Brunnenstraße 37
10115 Berlin-Mitte
Tel. 030-4492325
www.skibbe-klavierbau.de

Blick unter den Deckel eines restaurierten Klaviers.

Vater und Sohn Skibbe in der Werkstatt.

Musik Riedel

Die Musikalienhandlung Riedel wurde am 9. Februar 1910 mit Sitz in der Uhlandstraße in Berlin-Wilmersdorf gegründet und befindet sich bis heute – trotz mehrfach wechselnder Anschriften innerhalb dieser Straße – noch immer hier. Die derzeit modernen großzügigen Ladenräume unterscheiden sich stark von den vollgestopften kleineren Räumen, in denen ich das Geschäft seit 20 Jahren kannte.

Im Jahr 2007 ging das Unternehmen einige Male durch die Berliner Presse, weil Insolvenz angemeldet werden musste, es dann einen angeblichen Retter gab, der die wertvolle Sammlung alter Notenblätter für einen stattlichen Betrag aufkaufen wollte, der dann aber weitere Bedingungen stellte, die wohl nicht erfüllbar waren. Vor ein paar Monaten konnte man sehen, dass die Musikalienhandlung Riedel zwei Häuser weiter gezogen war und nun mit dem Zusatz „Member of Bauer & Hieber" firmiert.

Bei meinem Besuch erzählte mir die ehemalige Besitzerin Frau Riedel, die mit ihrer Fachkompetenz noch heute die Kunden berät, folgende Geschichte aus der Vergangenheit des Unternehmens: Peter Schreier, ein bekannten Sänger und Komponist aus der ehemaligen DDR, gab Ende der 1960er-Jahre auf Initiative der Firma Riedel und mit Erlaubnis der damaligen DDR-Regierung ein Konzert im damaligen West-Berlin und vergaß bei der Rückreise „in den Osten" seinen Frack, den er aber dringend für ein noch am gleichen Tage stattfindendes Konzert benötigte. Herr Riedel – Frau Riedels Ex-Mann – erhielt umgehend und spontan eine Einreisegenehmigung in den damaligen Ost-Sektor von Berlin, um Herrn Schreier den dringend benötigten Frack zu bringen.

Wahrscheinlich können nur alteingesessene Berliner – egal ob in Ost oder West –, die die damaligen Gepflogenheiten im Grenzverkehr zwischen den beiden getrennten Stadthälften kennen, die Bedeutung dieser Geschichte nachvollziehen.

- Seit 1910
  seit 1. März 2008 im Besitz von Bauer & Hieber
- Spezielle Noten aller Stilrichtungen
  (Klassik, Pop, Weltmusik)
  Kleininstrumente
  (Blockflöten, Mundharmonika etc.)
  Instrumentenzubehör
- Mo–Fr von 9.30 bis 18.30 Uhr
  Sa von 10 bis 15 Uhr

Musik Riedel
Uhlandstr. 42
10719 Berlin-Wilmersdorf
Tel. 030-8827394
030-8827395
www.bauer-hieber.com

Das erste Ladengeschäft ca. 1910.

Alte und moderne Notenblätter.

Werkstatt für Geigenbau Anton Pilar

Der aus Böhmen stammende Geigenbauer Anton Pilar machte sich 1909 in Berlin mit einer Geigenbauwerkstatt selbstständig. Seine Söhne Anton jun. und Jaroslav arbeiteten, bis sie 1939 zum Militär eingezogen wurden, mit ihm zusammen. Anton Pilar sen. verbrachte die Kriegsjahre in seiner Heimat Böhmen. Jaroslav Pilar kam 1945 nach Berlin zurück und begann, die Werkstatt neu aufzubauen. 1948, nach seiner Rückkehr aus der Kriegsgefangenschaft, trat auch Anton Pilar jun. wieder in den Betrieb ein. 1985 übernahm Renate Pilar von Niederhäusern – die Tochter von Jaroslav Pilar – den Betrieb und übergab ihn dann 2001 an ihren Sohn Andreas von Niederhäusern.

Der Geigenbauer hat seine Werkstatt in einer ruhigen Schöneberger Wohnstraße im Seitenflügel in einer großen Altbauwohnung im zweiten Stock – am Vorderhaus gibt es nur ein winziges Firmenschild.

Wirklich beeindruckend ist die Vielzahl und Vielfalt der Instrumente: Geigen, Violinen, Bratschen, Kontrabässe an allen Wänden und in diversen Glasschränken. Repariert werden alle Instrumente, von der Schülergeige bis zu hochwertigen, mehrere hundert Jahre alten, von den bekannten Konzertorchestern verwendeten Künstlerinstrumenten.

Es ist unglaublich interessant, wenn Herr von Niederhäusern – der Urenkel des Gründers – begeistert von seinem Handwerk erzählt.

So erfuhr ich, dass man den Geigenbauer an der Form der Schnecke am Kopf der Geige erkennen kann. Er erklärt mir die Schwierigkeiten bei der Restaurierung alter Instrumente am Beispiel der Bratsche eines Philharmonikers, die er gerade repariert, weil z. B. heute der Kammerton „a" etwas höher ist und das heutige Seitenmaterial straffer gespannt wird – was dazu führt, dass die Vorderseite des Klangkörpers leicht eingedellt wird und reißen kann.

Die Anforderungen an die Klanggestaltung der Instrumente haben sich geändert. Wir haben heute den Anspruch, Töne klarer und höher zu hören als vor hundert Jahren, dies muss bei der Restaurierung alter Instrumente umgesetzt werden. Wir können alte Musik heute nicht mehr so hören, wie sie von den damaligen Komponisten in Kenntnis der Möglichkeiten der ihnen zur Verfügung stehenden Instrumente ursprünglich geschrieben wurde – ein großer Unterschied zur bildenden Kunst, in der niemand bei der Restaurierung eines Gemäldes auf die Idee kommen würde, die Farbauswahl zu verändern, um sie dem heutigen Zeitgeschmack anzupassen.

- Seit 1909
- Reparatur und Restaurierung von Streichinstrumenten
- Mo–Fr von 9 bis 18 Uhr

Anton Pilar – Werkstatt für Geigenbau
Inhaber Andreas v. Niederhäusern
Eisenacher Straße 103
10781 Berlin-Schöneberg
Tel. 030-2165156

Blick in die Werkstatt Pilar, ca. 1934.

Der Urenkel des Gründers, Herr von Niederhäusern, bei der Arbeit.

Wolffs Bücherei

Faszinierend sind die Entstehungsgeschichte der Buchhandlung und die Verknüpfungen zu noch heute bekannten Verlagen.

Moritz Ossipowitsch Wolff (1825–1883) war ein bedeutender russischer Verleger und Buchhändler. Nach seinem Tod wurden Buchhandlung und Verlag bis zur russischen Revolution 1917 weitergeführt, sein Sohn Ludwig Wolff floh nach Deutschland und sein Enkel Andreas Wollf eröffnete 1931 die heute noch bestehende Buchhandlung in der Bundesallee.

Andreas Wollf baute nach dem Zweiten Weltkrieg zusammen mit Peter Suhrkamp in Frankfurt den Suhrkamp-Verlag auf, kehrte aber 1955 nach Berlin in die Buchhandlung zurück und gründete 1963 die Friedenauer Presse, die heute von Moritz Wolffs Urenkelin Katharina Wolff-Wagenbach geführt wird, der früheren Ehefrau von Klaus Wagenbach, die mit ihm gemeinsam 1964 den Wagenbach Verlag gründete.

In den 1960er- und 1970er-Jahren war die Buchhandlung Treffpunkt diverser Schriftsteller wie Günther Grass, der direkt um die Ecke wohnte, Uwe Johnson, Max Frisch, Hans Magnus Enzensberger, um nur einige zu nennen. Sie trugen dazu bei, dass die Buchhandlung in die Literaturgeschichte einging. Noch heute kann man hier Fotos und Plakate aus dieser Zeit sehen, und man spürt nach wie vor die Liebe und Hingabe an die Literatur, die sich offensichtlich über Generationen übertragen hat.

• Seit 1931
• Bücher
• Mo–Fr von 10 bis 18 Uhr
  Sa von 10 bis 14 Uhr

Wolffs Bücherei
Bundesallee 133
12161 Berlin-Steglitz
Tel. 030-8515264

Ladenfront von Wolffs Bücherei.

Blick in den gut besuchten Laden.

Buchbinderei

Die kleine Buchbinderei existiert seit 1923 an diesem Standort. Der Gründer Franz Siebentritt besaß sie bis 1955. Sein ehemaliger Lehrling Helmut Käthner übernahm die Buchbinderei dann und führte sie bis 1980 weiter. Der heutige Inhaber Christian Klünder war schon seit 1969 Angestellter bei Helmut Käthner.

Bei meinem Besuch erzählte mir Herr Klünder einiges über die Buchbinderei. Nicht nur über den Unterschied zwischen Klebe- und Fadenbindung, sondern auch, dass Kopierer der Tod der Bücher sind, weil der Einband überdehnt wird. Ich hörte auch, dass es für wertvolle Bücher heute schon Spezialkopierer gibt, bei denen die Kopierauflage entweder wie ein Dach geformt ist oder solche, die es erlauben, dass man ein Buch nur mit einer Seitenhälfte auflegt, während die andere frei herunterhängt.

Mit Staunen erfuhr ich von der Existenz amerikanischer Abreißbücher, deren Klebebindung bewusst schwach ausgebildet wird, damit der Leser, z. B. wenn er einige Seiten in der U-Bahn gelesen hat, diese gelesenen Seiten abreißen und in den nächsten Papierkorb werfen kann. Eine andere Einstellung zum Buch als bloßem Konsum- und Wegwerfartikel.

Und mir ist endlich klar geworden, warum wir heute noch auch auf Billigartikeln wie Fotoalben auf dem Rückeneinband oftmals horizontale, friesartige „Ornamente" sehen – bei alten Fadenbindungen waren dies die vernähten Querverbindungen, um die Buchseiten zusammenzuhalten und mit dem Deckeinband zu verbinden.

Christian Klünder meint, Bibeln und Kochbücher seien das Brot des kleinen Buchbinders – einige davon findet man auch auf seinem Arbeitstisch. Ansonsten umfassen seine Aufträge vor allem die Nachbildung von historischen Büchern für Filmproduktionen und das Binden von Büchern für hochwertige Präsentations- und Musterbroschüren.

- Seit 1923
- Binden von Büchern, Broschüren, Musterbüchern in Kleinserien, Restaurierung von Bucheinbänden
- Di–Do von 10 bis 18 Uhr Mo und Fr nach Vereinbarung

Buchbinderei
Christian Klünder
Rathenower Str. 60
10559 Berlin-Tiergarten
Tel. 030-3945806

Blick in den Arbeitsraum der Buchbinderei.

Blick in die hintere Werkstatt.

Christian Klünder vor seinem Laden.

Weitere Adressen für Auge und Ohr

Thomas Polster	Holzblasinstrumente	Anklamer Str. 11, 10115 Berlin
Musik Bading	Instrumente, Noten	Karl-Marx-Str. 186, 12043 Berlin
Lutz Nessing	Buchdruck, Bleisatz	Büchnerweg 92, 12489 Berlin
Schulz	Druckerei	Erknerstr. 39, 12589 Berlin
Eva Lichtspiele	ältestes Kino Wilmersdorf	Blissestraße 18, 10713 Berlin
Radio Art	alte Rundfunkgeräte	Zossener Str. 2, 10961 Berlin

Nicht Alltägliches

DEVOTIONALIEN, KUNSTFÄLSCHUNGEN

UND ZAUBERARTIKEL

Spezialhaus für Kirchenbedarf GmbH

Unten am Haus sieht man nur ein kleines Firmenschild mit dem Hinweis auf das Spezialhaus für Kirchenbedarf in der vierten Etage. Mit dem winzigen Aufzug oben angekommen, muss man erst einmal klingeln und betritt nach freundlicher Begrüßung durch den jetzigen Inhaber Herrn Bergolds eine typische Berliner Altbauwohnung mit großzügiger Diele und hohen Räumen.

In den einzelnen Zimmern verteilt findet man Priesterkleidung, Altarkerzen, diverse Kirchengeräte wie Kelche und Weihrauchbehälter, Madonnenfiguren und Kreuze oder Kirchenbänke – alles, was die christlichen Kirchen beider Konfessionen benötigen.

Gegründet wurde das Unternehmen 1927 in Sömmerda, damals als reiner Hersteller von Kirchenbänken. Ungefähr 1946 erfolgte der Umzug nach Berlin in die Nähe des damaligen Checkpoint Charlie mit Erweiterung des Sortiments. Seit ca. 40 Jahren sitzt das Unternehmen in der Trautenaustraße in Berlin-Wilmersdorf.

Das Unternehmen gehörte seit den 1960er-Jahren der Familie Baumann, deren Sohn Heribert Baumann von 1971 bis 1979 neben seiner Inhabertätigkeit im Unternehmen Bezirksbürgermeister von Berlin-Wilmersdorf war.

Seit 2004 ist Matthias Bergolds der Inhaber – eigentlich aus dem Vertrieb kommend, hat er das Unternehmen aus Interesse an Kirchen- und Kunstgeschichte übernommen und plant demnächst den Umzug in ein Ladengeschäft im Erdgeschoss des Hauses.

Die Zulieferer des Unternehmens sitzen zum Großteil in Italien und Spanien – Ländern, in denen die Kirche noch einen höheren gesellschaftlichen Stellenwert hat als in Deutschland.

Eine besondere Sparte ist der Entwurf und die individuelle Herstellung von Paramenten (im Kirchenraum und in der Liturgie verwendete, meist künstlerisch gestaltete Textilien).

• Seit 1927
• Einrichtung und Bedarf für Kirchen
• Mo, Mi, Fr von 9 bis 14 Uhr
  Di–Do von 9 bis 18 Uhr

Baumann
Spezialhaus für Kirchenbedarf GmbH
Trautenaustr. 14
10717 Berlin-Wilmersdorf
Tel. 030-8732824 + 030-8621990
www.baumann-kirchenbedarf.de

Der frühere Inhaber des Geschäftes und ehemalige Bezirksbürgermeister von Wilmersdorf
Heribert Baumann.

Ein Priestergewand.

Heiligenfiguren.

Kunstsalon Posin

Man betritt das Atelier und steht vor Rembrandt, van Gogh, Monet – und anderen Fälschungen bekannter Meisterwerke.

Michael Posin erläutert mir den Unterschied zwischen Kopieren (exaktes Abmalen) und richtigem Fälschen (den Künstler und seine Malweise studieren und wie der Künstler malen) so wie er und seine Brüder es machen. Kopien sind für ihn wie Wachsfiguren – ähnlich, aber ohne Fleisch und Blut. Wenn man einige der (angeblichen) van Goghs und Rembrandts betrachtet – Bilder, die diese Künstler nie gemalt haben, sondern die bei den Posins im Stile dieser Künstler entstanden sind – beginnt man zu verstehen, was er damit meint.

Sein Bruder Eugen erklärt mir die Regeln des Kunstfälschens. Gefälscht werden dürfen Werke erst 70 Jahre nach dem Tod des Künstlers, das Format der Fälschung muss immer etwas von der Größe des Originals abweichen und auf der Rückseite muss deklariert werden, wer die Fälschung von welchem Originalwerk wann erstellt hat. Die meisten Fälschungen sind Auftragsarbeiten für Privat- und Geschäftsleute aller Gesellschaftsgruppen. Im November wird es übrigens eine Ausstellung mit Bildern von Ernst Ludwig Kirchner (1880–1938) im Kunstsalon Posin geben.

Außer dem Fälschen malen die russischen Brüder, die 1985 aus St. Petersburg nach Berlin kamen, auch eigene Bilder und haben mit diesen schon zahlreiche Ausstellungen bestritten.

Seit dem letzten Jahr haben die Posins in Großräschen – eine Autostunde von Berlin entfernt – ein eigenes Museum für ihre Fälschungen. Der Investor und Anhänger ihrer Fälscherkunst Georg Schellstede hat ihnen dieses in dem von ihm errichteten „Hotel am See" zur Verfügung gestellt. Man kann dort über 100 Fälschungen bekannter Meisterwerke sehen, die Herr Schellstede von den Posins erworben hat.

- Seit 1985, seit 2001 in der Wipperstraße
- eigene Kunst, Kunstfälschungen
- Di, Do, Fr, Sa von 18 bis 21 Uhr

Kunstsalon Posin
Wipperstr. 20
12055 Berlin-Neukölln
Tel. Kunstsalon 030-62 73 77 27
Posin, Eugen 0179 / 18 92 042
Posin, Michael 0178 / 23 54 072
Posin, Semjon 0160 / 981 439 56
www.kunstsalon-posin.de

Blick in den Ausstellungsraum.

Michael und Eugen Posin.

Zauberkönig

In Neukölln findet man zwischen einem türkischen Imbiss und dem christlichen Friedhof den Zauberkönig.

1884 gründeten die Töchter der aus Wien stammenden Familie Leichtmann Zauberkönig-Filialen in München und Berlin, denen später weitere Filialen in Köln und Wiesbaden folgten. Der Berliner Zauberkönig war damals noch in der Friedrichstraße 54 in direkter Nähe der großen Varietétheater und Showbühnen wie Wintergarten und Apollo-Theater, um nur einige zu nennen. Nur die Wiesbadener Filiale ist heute noch im Besitz der Nachfahren der Familie Leichtmann, der Berliner Zauberkönig gehört heute Mona Schmidt, der Tochter von Günter Klepke, der den Laden vorher führte und heute in Rente ist, aber immer noch als Zauberkünstler auftritt. Nach dem Krieg – die Friedrichstraße lag im Ostteil Berlins – wurde im Jahr 1952 der heutige Laden in der Neuköllner Hermannstraße eröffnet.

Der Laden wirkt total vollgestopft, ein bisschen plüschig und verstaubt – Mona Schmidt bezeichnet ihn selber als Kramladen –, aber er birgt wahre Schätze, die eigentlich niemand wirklich braucht, die aber sehr viel Freude machen. Man findet z. B. Tücher und Schaumstoffbälle für Zaubertricks, Scherzartikel vom Pupskissen bis zum nachgebildeten Hundehaufen, Gruselmasken und Karnevalskappen, Feuerwerkskörper ganzjährig.

Mona Schmidt kann selber auch zaubern, aber mag sich nicht präsentieren und tritt deshalb nicht auf. Mit gewissem Stolz erzählt sie, dass Sie zum 125. Jubiläum die Fassade selber per Hand bemalt hat, und dass die bemalte Fassade noch nie von Sprayern heimgesucht wurde, was in der Gegend, in der der Zauberkönig liegt, sicherlich nicht die Normalität ist.

• Seit 1884
• Zauberartikel, Fest- und Dekorationsbedarf, Scherzartikel
• Mo–Do von 13 bis 18 Uhr
  Fr von 10 bis 18 Uhr
  Sa von 10 bis 13 Uhr

Zauberkönig
Mona Schmidt
Hermannstrasse 84–90
12051 Berlin-Neukölln
Tel. 030-6214082
www.zauberkoenig.de

Blick in den Zauberladen.

Die Ladenfront des „Zauberkönigs".

Moabiter Apotheke

Das Haus mit der Apotheke von Sabine Müller und die Apothekeneinrichtung sind mehr als 150 Jahre alt. Die alte Einrichtung macht einen wesentlichen Teil des Charmes dieser Apotheke aus. Überall finden sich alte Instrumente: Apothekerwaagen, Gefäße mit lateinischer Beschriftung, Mörser etc.

Wilhelm Julius Barnewitz gründete die erste Moabiter Apotheke 1856/1857 in dem damals noch vorstädtischen und dünn besiedelten Ortsteil Moabit. Heute ist der Bezirk dicht bebaut und der rechte Nachbar ist die Justizvollzugsanstalt Moabit.

Sabine Möller übernahm die Apotheke 1997 von dem damaligen Besitzer Rodolf Knacke, der diese über 40 Jahre bis zu seinem 85. Lebensjahr betrieben hatte. Früher war die Apotheke mal „der Knastlieferant", heute ist sie „nur noch" Lieferant für das Berliner Kammergericht.

Sabine Möller führt eine ungewöhnliche, sehr persönlich geprägte und stark kundenorientierte Apotheke in einem sehr gemischten Berliner Kiez. Reparaturen an der alten Einrichtung erledigt sie schon mal selbst im Hinterzimmer. Sie hat noch 36 Alphabete, d.h., die Medikamente sind nicht wie in hochmodernen Apotheken nur nach Medikamentenbezeichnung in schnell zugreifbaren Schubschränken aufbewahrt, sondern nach 36 Sachregistern in den Räumen verteilt, und zwar in schönen alten Apothekerschränken – in diesen dann nach Alphabet. Es gibt einen Hauslieferservice für Stammkunden, wie ich anhand der eingehenden Telefonate während meines Besuchs feststellen konnte. Sabine Möller nimmt sich Zeit für längere Gespräche, unabhängig vom Anliegen der Kunden.

* Seit 1856
* klassische alte Apotheke
* Mo–Fr von 9 bis 18.30 Uhr
  Sa von 9 bis 13.30 Uhr

Moabiter Apotheke
Sabine Müller
Alt Moabit 18
10559 Berlin-Tiergarten
Tel: 030-3945886
www.moabiter.apotheke@web.de

Das Umfeld der Apotheke nach dem Zweiten Weltkrieg.

Zwei Schränke (Alphabete) der insgesamt 36 Alphabete.

Juwelen, Gelegenheiten, An- und Verkauf

Der Laden ist wirklich rundum ungewöhnlich. Im teuersten Teil der Fasanenstraße zwischen bekannten Galerien und exklusiven Boutiquen gelegen, gibt es kleine klar definierten Öffnungszeiten. Der ziemlich dunkle Ladenraum ist vollgestopft mit Schränken und Vitrinen unterschiedlichster Stilrichtungen und diese wiederum sind gnadenlos überfrachtet mit dem Warenangebot. Man braucht Geduld, aber dann bekommt man vom jüdischen Inhaber nahezu alles im breit gefächerten Bereich des Sortimentes von hochwertigen Juwelen bis zu richtigem Kitsch.

Mein Einkaufserlebnis vor Jahren: Eine Freundin hatte sich für ihren wunderschönen alten, noch mit Kerzen bestückten Kronleuchter einen passenden und aus der gleichen Zeit stammenden Kerzenlöscher von mir gewünscht. Außer einer bestimmten Gebrauchtwarenplattform im Internet fiel mir nur „Juwelen, Gelegenheiten" ein. Beim dritten Versuch, nachmittags dort jemanden anzutreffen, klappte es dann. Ich trug meinen Wunsch vor. Der Besitzer verschwand im Hinterraum; er kramte, es dauerte – meine Angebote, ihm bei der Suche zu helfen, wurden abgelehnt – und nach geschätzten 15 Minuten tauchte er mit zwei Kerzenlöschern wieder auf. Einer war eher hässlich und kostete 30 Euro, der andere, der genau meiner Beschreibung entsprach, 80 Euro. Und dann machte ich einen entscheidenden Fehler und zeigte meine Begeisterung für den zweiten – danach war keine Preisverhandlung mehr möglich, aber ich hatte genau das bekommen, was ich gesucht hatte.

Eine Freundin auf der (dann erfolgreichen) Suche nach einer Pilgermuschel für den Jakobsweg berichtete übrigens Ähnliches von dem Geschäft. Und wenn Sie ein Papstfoto im Silberrahmen oder eine wirklich schöne alte Elfenbeinschnitzerei suchen – all das finden Sie dort sicher auch.

* Seit ca. 50 Jahren
* An- und Verkauf von
  Juwelen und Goldschmuck,
  Silbersachen und altem Porzellan,
  kleinen Kunstgegenständen und
  Granatschmuck
* geöffnet ist nachmittags und
  nach Vereinbarung

Juwelen, Gelegenheiten, An- und Verkauf
Fasanenstraße 28
10719 Berlin-Wilmersdorf

Außenansicht des Geschäftes.

Ein Teil des Schaufensters.

Steinmetzmeister Albrecht

1880 gründete Julius Heinrich Rüdiger die Grabdenkmalfabrik Rüdiger in der Seestraße. Am 27. Januar 1883 wurde dann die Firma H. Albrecht gegründet, die Margarete Rüdiger 1932 vom Steinmetzmeister Hermann Albrecht kaufte. 1951 erfolgte die Übergabe an ihren Sohn Helmut Rüdiger. Nach dessen Tod 1993 übernahm Dietrich Rüdiger den Betrieb und übergab diesen 1998 an seine Söhne Frank und Bodo Rüdiger.

2008 feiert der älteste Steinmetzbetrieb Berlins sein 125. Jubiläum. Bis zur Bau- und Immobilienkrise Ende der 1990er-Jahre war die Firma Rüdiger an diversen Neubauten und der Restaurierung bekannter historischer Gebäude wie z. B. dem Reichstag beteiligt. Heute liegt der Schwerpunkt eher bei Grabdenkmälern und Grabanlagen. Der Standort ist ideal, direkt gegenüber den Friedhöfen der Dreifaltigkeitsgemeinde, der Friedrichswerder'schen Gemeinde, der Gemeinde Jerusalemskirche und Neue Kirche und dem Alten Luisenstädtischen Friedhof, deren Besuch übrigens auch lohnenswert ist.

- Seit 1880/1883
- Entwurf und Ausführung von Grabdenkmälern, Restaurierung historischer Grabanlagen, Zubehör wie Leuchten, Vasen, Schalen, Bänke etc., Stein- und Bronzefiguren, Findlinge, Felsen und Basaltsäulen, Berufszeichen, Wappen, Logos, Brunnen und Kamine
- Mo–Do von 8 bis 17 Uhr
  Fr von 8 bis 16 Uhr
  Sa von 10 bis 12 Uhr

H. Albrecht
Steinmetzmeister
Inhaber Frank Rüdiger
& Bodo Rüdiger oHG
Bergmannstr. 55
10961 Berlin-Kreuzberg
Tel. 030-691 20 37
www.steinmetz-berlin.de

Die Ladenfront im Jahre 2008.

Holz – Kohle – Koks Kögler

Als ich Anfang der 1970er-Jahre zum Studium nach Berlin kam, gab es zumindest in den „Arbeiterbezirken" Wedding, Kreuzberg, Neukölln und Moabit noch in fast jeder dritten Straße einen Kohlenladen oder eine Kohlenhandlung und im Branchenfernsprechbuch füllten sie mehrere Seiten. Heute sind im Branchenbuch noch ganze 17 Kohlenhandlungen zu finden, und es werden in jeder Ausgabe weniger.

Durch den Neubau und die Modernisierung von Wohnungen mit entsprechender Zentralheizungsversorgung – nach der Wende auch noch gefördert durch die Innenstadtverordnung des Senats von 1990 – hat sich die Nachfrage nach Kohlen und Briketts stark reduziert.

Umwelttechnisch ist das sehr zu begrüßen, aber eine sentimentale Erinnerung an die aussterbende Zunft der Kohlenmänner sei erlaubt. Diese stets schwarzverstaubten Männer, an denen einem immer zuerst die glänzenden Augen auffielen – frühmorgens fuhren sie mit dem LKW voller Kohlensäcke und Stiegen (einfache Holzrahmen mit Ledergurten) voller Briketts los und schleppten den ganzen Tag die ca. 50 Kilogramm schweren Säcke und die bis zu 75 Kilogramm schweren Stiegen in die Keller der Hinterhäuser oder bis in den vierten Stock. Nur in den Vorderhäusern gab es manchmal eine Art Lichtschacht, durch den Kohle oder Briketts als Schüttware – ohne Schlepperei – in den Keller gebracht werden konnten.

Die Kohlenhandlung Kögler existiert seit 1908 in dem kleinen Souterrainladen in der Körtestraße. Beim Eintreten in den Laden muss man den Kopf einziehen und gleichzeitig aufpassen, dass man nicht die gleich hinter der Tür beginnende Treppe hinunterstürzt, ein typischer Souterrainladen eben.

• Seit 1908
• Lieferung von Holz, Kohlen und Koks
  Kleinmengen im Laden
• Mo–Fr von 9 bis 13 und 14 bis 17 Uhr
  Donnerstag geschlossen
  Sa von 9 bis 12 Uhr (außer Mai bis August)

Richard Kögler
Holz – Kohle – Koks
Körtestr. 18
10967 Berlin-Kreuzberg
Tel: 030-6917627

Die Außenansicht der Kohlenhandlung Kögler.

Clärchens Ballhaus

Clärchens Ballhaus ist eine Berliner Institution. 1912 gründeten Fritz Bühler und seine Frau Clärchen „Bühler's Ballhaus". Damals tanzten neben dem Volk auch noch die Offiziere hier. Nach dem Tod von Fritz Bühler übernahm seine Frau den Betrieb und nannte ihn nun „Clärchens Ballhaus". Bis 2005 betrieb die Familie das Ballhaus.

Im alten Saal aus der Gründerzeit, mit den deckenhohen, teilweise schon ein wenig blinden Spiegeln, der üppigen Stuckdecke und der Glitzerkugel an der Decke, schwoften am Wochenende die rüstigen (Ost-) Rentner, und es war normal, wenn Damen aus Herrenmangel in der Altersklasse mit Damen tanzten.

Alteingesessene Berliner waren 2005 in Sorge, dass die neuen Betreiber durch ein anderes Konzept die Atmosphäre verändern würden, aber die älteren Damen im manchmal stramm sitzenden Kleid und die alten Herren im mitunter etwas verblichenen Anzug sind geblieben. Hinzugekommen sind vielleicht ein paar mehr eigenartige Herren, die in steifer Haltung ihre jeweiligen Mädels übers Parkett schieben, ein paar erfolgreiche Youngster in Markenklamotten und hie und da ein paar schräge Vögel.

Die Mischung der Stammgäste ab 70 Jahren aufwärts und der Szenegänger in dem mit einer nostalgischen Patina überzogenen alten Saal macht Clärchens Ballhaus aus. Zum Tanzprogramm gehört dienstags Tango, mittwochs Swing, donnerstags Walzer und Cha-Cha-Cha etc., freitags und samstags Schwof (Samstag mit Live-Kapelle) und sonntags Tanztee.

Die ungewöhnliche Mischung spiegelt sich auch im Personal wieder – der DJ ist eine junge Frau und der Garderobiere ein älterer Herr über 80.

Man kann den Saal auch für private Veranstaltungen mieten – bekannte Schauspieler und Sänger haben hier schon rauschende Feste gefeiert. Wer beim Tanzen hungrig geworden ist, kann die deftige Küche mit Schnitzel und Bouletten genießen. Im Sommer kommen schon tagsüber viele Gäste und sitzen im leicht verwildert-chaotischen Vorgarten, z. B. bei einer Berliner Weißen mit Schuss.

- Seit 1912
- Schwofen
  (Tango, Swing, Standard und Latein)
  Deftiges Essen
- täglich ab 10 Uhr
  abends Tanz

Clärchens Ballhaus
Auguststr. 24
10117 Berlin-Mitte
Tel. 030-642268
www.ballhaus.de

Der Vorgarten von Clärchens Ballhaus.

Blick in den Saal.

Moabiter Leihhaus

Das Moabiter Leihhaus wurde 1890 von Frau Lohmann gegründet und heute betreibt es in fünfter Generation immer noch Familie Lohmann. Früher, als die Pfandleihe noch im ersten Stock war, wurden selbst Wäsche, Schuhe und Garderobe, Zahngold und Pelzmäntel beliehen wie die alten, heute noch im Schaufenster stehenden Firmenschilder verkünden, heute nur noch wiederverkäufliche Wertgegenstände. Es soll allerdings ab und an vorkommen, dass Kunden wegen der Bezeichnungen auf den alten Firmenschildern auch gegenwärtig versuchen, z.B. Wäsche zu beleihen.

Bei dem Gespräch mit Frau Lohmann bekomme ich einen Einblick in das Pfandleihgeschäft. Aus Sicherheitsgründen führen wir dieses durch die Panzerglasscheibe, weil Fremde nicht in den gesicherten Bereich mit den Pfandgegenständen dürfen.

Pfandleiher ist kein Ausbildungsberuf. Theoretisch kann jeder mit einem einwandfreien Führungszeugnis und ohne negativen Schufa-Eintrag Pfandleiher werden. Aber um das Geschäft erfolgreich zu betreiben und Pfandgegenstände richtig einzuschätzen, benötigt man offensichtlich viel Erfahrung.

Pfandgegenstände müssen mindestens vier Monate und dürfen maximal zehn Monate beliehen werden, bevor sie auf einer öffentlichen Auktion versteigert werden. Durch die Auktion werden die versteigerten Gegenstände auch „reingewaschen", d.h., selbst wenn der Pfandleiher nicht erkannt hat, dass es sich um einen gestohlenen Gegenstand gehandelt hat, ist der Erwerber bei einer Auktion trotzdem rechtmäßiger Eigentümer geworden.

Zum Kundenkreis des Leihhauses gehören laut Frau Lohmann Menschen, die wie ältere Leute oder auch Ausländer von deutschen Banken wegen ihres Alters oder der Nationalität keine Kredite bekommen oder die ohne große Formalien und oftmals ohne das Wissen des Ehepartners oder der Familie kurzfristig Geld benötigen. Im Leihhaus muss nur der Personalausweis und in manchen Fällen der Kaufbeleg für den zu beleihenden Gegenstand vorgelegt werden.

Von den beliehenen Gegenständen werden ca. 90 Prozent wieder abgeholt, der Rest kommt in die Auktion.

• Seit 1890
• Leihhaus für Goldschmuck, Uhren, Münz-
  und Briefmarkensammlungen, Antiquitäten
• Mo–Fr von 9 bis 17 Uhr

Moabiter Leihhaus
(Leihhaus Lohmann)
Turmstr. 9
10559 Berlin-Tiergarten

Eines der alten Firmenschilder.

Die heutige Eingangsfront.

Weitere besondere Adressen

Fichtenberg-Apotheke	Apotheke	Grunewaldstr. 6A, 12165 Berlin
Leihhaus Friedenau	Leihhaus	Bundesallee 94, 12161 Berlin
Ave Maria	Devotionalien	Potsdamer Str. 75, 10785 Berlin
Rathaus Apotheke Friedenau	Apotheke	Niedstraße 35, 12159 Berlin
Rheinecke Apotheke	Apotheke	Rheinstr. 40, 12161 Berlin
Harb	alles aus arabischen Ländern	Potsdamer Str. 93, 10785 Berlin
Leihhaus am Görlitzer Bahnhof	Leihhaus	Wiener Str. 18, 10999 Berlin
Planta Tabak Manufaktur	Tabakgroßhandel	Hagelberger Str. 52, 10921 Berlin
Tanzschule Kather	Tanzschule	Marheinickeplatz 4, 10961 Berlin
Galerie Taube	Galerie	Pariser Str. 54, 10719 Berlin

Schlusswort

Die Idee zu diesem Buch entstand an einem weinseligen Winterabend mit Freunden im Jahr 2005. Wir unterhielten uns über traditionelle (kulturelle) Dinge, Institutionen und Gewohnheiten, die, wie wir gemeinsam bedauernd feststellten, immer mehr aus unserem Alltag verschwinden. Irgendwann fokussierte sich das Gespräch auf traditionelle „Läden", und eigentlich kannte jeder von uns mindestens einen davon, von dem wir hofften, dass er noch möglichst lange existieren würde – des Einkaufserlebnisses und der Tradition wegen.

Mich hatte das Thema gepackt: Auf sonntäglichen Spaziergängen und Radtouren durch Berlin entstanden nebenbei immer wieder Fotos. Selbst dann, wenn ich in der Woche beruflich in der Stadt unterwegs war, notierte ich mir mitunter schnell eine Anschrift oder nahm eine Visitenkarte mit. Daraus entstand eine völlig ungeordnete Datensammlung – ein Karton voller Zettel. Anfang 2008 fiel mir der Karton wieder in die Hände und ich entschied mich, aus den gesammelten Daten ein Buch zu machen; zum einen zur Dokumentation, zum anderen aber auch mit dem Nebengedanken, dass durch eine Publikation vielleicht mehr Menschen auf diese Läden aufmerksam werden, sich für diese interessieren und sie besuchen. Mit dem Sutton Verlag fand sich schnell ein geeigneter Partner, diese Idee umzusetzen.

Bei der Erstellung des Manuskripts habe ich viel erfahren über die unterschiedlichen Branchen, die in diesem Buch vorgestellt werden, nette und interessante Menschen und auch meine Stadt Berlin neu kennen gelernt. Die Arbeit am Manuskript war Spaß und eigene Bereicherung – auch wenn ich mir die Zeit dafür aus meinem normalen Arbeitsalltag stehlen musste.

Die Auswahl der in diesem Buch vorgestellten Läden ist subjektiv und auf keinen Fall vollständig oder wertend. Am Ende jedes Kapitels finden Sie eine Auflistung weiterer interessanter Adressen von entsprechenden Läden, bei denen ich es nicht geschafft habe, sie detaillierter für dieses Buch zu bearbeiten, zu denen ich zu einem ungünstigen Zeitpunkt kam, wenn bspw. der Ladenbesitzer keine Zeit hatte, die ich zu spät entdeckt habe, weil ich schon eine andere Geschichte für das Kapitel und die Branche hatte.

Ich bedanke mich bei Freunden, Bekannten, Ladeninhabern und Berufsverbänden, die durch Informationen und Anregungen mitgeholfen haben, dass dieser Band entstehen konnte. Ganz besonders danke ich meiner Sekretärin Elke-Maria Kuschel für die Unterstützung bei Recherchen und Terminkoordination und für das Korrekturlesen des Manuskriptes und der Lektorin Antje Beyer für ihre motivierende Begeisterung für das Projekt und ihre inhaltlichen Hilfestellungen.

Dem Leser wünsche ich viel Freude, nicht nur beim Lesen, sondern hoffentlich auch beim Besuch der in diesem Buch vorgestellten Läden.

Hannelore Ellersiek
im August 2008